FALLING INTO GRACE

insights on the end of suffering

受苦的力量

阿迪亞香提

目錄

編序……008
前言……010
1・人的兩難處境……014
2・解除受苦狀態……040
3・從小我的催眠裡醒來……068
4・放下掙扎……088
5・體驗情緒的原始能量……116
6・內在的安定……138
7・親密與開放……156
8・痛苦的終結……178
9・真實的自主性……194
10・超越對立的世界……218
11・落入恩典之中……238

編序

二○○九年春天，我在電話上與阿迪亞香提討論在「眞實之音出版社」（Sounds True）出版新書與有聲書系列的計畫。我提到我希望出版一本他的教導，而這本書既要適合剛踏上靈性之路的人閱讀，又要不失深度。阿迪亞（學生與朋友們都這麼稱呼他）說了一段讓我很驚訝的話：「我教得越久就越發現，無論是什麼教法，最基本的部分就是最重要的部分。我注意到當我以非常清晰的方式談論最本質的靈性洞見時，無論是入門者或已經在這條路上數十年的人，都能受惠良多。」

這個探討「靈性探索之基本要義」的新書概念，後來成了阿迪亞在二○○九年秋天，於加州洛斯加圖斯爲期五天的一系列演講主題。這些演講經過錄音、謄稿、編輯而成了《受苦的力量》（*Falling into Grace*）一書。

閱讀《受苦的力量》的時候，我的建議是要慢慢地讀，盡量注意內心被激發的感覺、注意有所領悟的感覺，也就是阿迪亞所謂的「啊哈！」時刻。就某方面而言，《受苦的力量》是一種「傳遞」（傳法），它揭開了我們那超越一切定義的眞實本性。傳遞是心與心的相會，幾乎像是揭開面紗一般，關於無限存在的某些眞理被直接顯示予我們。這份傳遞並非發生在語言文字的層次，而是在感覺的層次，它是微妙溝通的一部分。本書充滿了指標，問題是：我們能追隨它們，然後直直墜落至指標所指之處嗎？

幾年前，我與阿迪亞進行了一場訪談，談論他的工作，我問他對傳遞有何看法，他說：「我不針對它說太多，但它確實是我的教導當中最重要的面向之一。」《受苦的力量》提供了一個機會，讓讀者能與阿迪亞在浩瀚而開闊的領域相會，那是一種釋放我們的心靈，邀請我們墜落、墜落、再墜落，而毋需在任何地方著陸的相會。

——譚美．賽門（Tami Simon），眞實之音出版社

前言

最近，我在回顧自己這些年來的教學歷程時，注意到的其中一件事是，任何靈性教導裡最具蛻變作用的元素就是它最基礎的、最根本的東西，而這些也是人們最容易忘記的，因爲我們的頭腦天生喜歡追求複雜。頭腦相信，一件事越是精細而複雜，就越能夠正確反映出它的眞實狀態。然而，在我自己這麼多年來的教學過程裡，我看見的是：教導裡最基礎的部分才是影響力最大的，教導裡最基礎的元素，才蘊含著幫助人們轉化生命的眞實力量。

這樣的觀察所得，也是我創造這本書的一個主要動機：呈現我教導裡的基礎元素，因爲我一直將它們視爲我工作裡最重要的面向。儘管教導裡也有較精細、較複雜的部分，但依我所見，那些並不是眞的那麼重要。我一再見到的是，**教導越簡單，就越有力、越具蛻變作用。我們的頭腦難以相信這件**

事——這麼簡單的事，怎麼可能擁有如此強大的力量？！但是我屢屢看見，藉由探索我們爲何受苦、如何從分離觀點看待生命等的這些最基本因素，確實就是教導裡最具蛻變力量的部分。

然而，靈性生活裡最深刻的面向是「恩典」（grace）這一元素，那甚至超越了任何教導。當我們發現自己徹底開放，完全敞開心靈、敞開頭腦，而且願意玩味一下「自己或許並不知道自以爲知道的事」這一可能性的時刻，就是恩典降臨的時刻。在這個「不知道」的空隙、這懸而未決的時刻，生命與實相的另一個全新元素便得以闖入，這就是我所謂的「恩典」。那是一個「啊哈！」的時刻，一個認出了什麼的時刻，在那樣的時刻，我們領悟到自己從前難以想像之事。

有許多情境與體驗都能讓我們向這份恩典敞開，無論是大自然美麗的一剎那，或與摯愛之人共處的時光，或者就只是安逸地、寧靜地坐著，不知怎麼地，一個嶄新的視野就這麼打開了，我們突然發現自己被恩典所充滿。有時候，恩典會以較兇猛的面貌來臨，生命的艱難處境似乎最能夠開啓我們的心靈與思想。我們會費盡心機避開這樣的時刻，但事實上，這些深具挑戰性的時刻，正是自我成長與意識轉化的最佳契機。

本書的教導就是提供簡單的方法，讓我們得以向恩典敞開，向那神祕的、那能夠穿透隱微靜謐時刻的光明元素做開。這將為我們看待生命的方式點燃一場革命，而這場革命將能夠大大地幫助我們終結許多人日復一日的痛苦與爭鬥。

這本書裡的教導不是供頭腦蒐集的資訊，而是必須深入靜心冥思、看看你是否能在自身經驗中發現眞理的訊息。你必須願意放慢腳步，甚至停下腳步，好好地徹底消化你所聽到的東西，因為究竟而言，無論是什麼樣的教導，你都永遠無法從它的語言文字裡找到眞理。眞理，必須從我們一己內在所展現的東西裡尋獲。透過這樣的探索，我們將教導變成了自己的，而透過將教導變成自己的、透過在「自己的」經驗中親身體驗教導的指示，我們將能夠覺悟到一個更加完整而統一的生命觀，從而在最後，找到一個直指人心最深之想望與渴求的生命觀。

——阿迪亞香提

1
人的兩難處境

當我還是個大約七、八歲的孩子時，每當我看著身邊的大人，我開始注意到並且思考的其中一件事就是：大人的世界是個充滿許多折磨、痛苦與衝突的世界。儘管我在一個相對健康的家庭裡成長，有一對慈愛的父母與兩個姐妹，而且度過了一個十分美好而快樂的童年，我依然看見周遭那許許多多的痛苦。我望著大人的世界，不禁納悶：人們到底是怎麼產生衝突的？

身為一個孩子，我恰好也是個很厲害的傾聽者，有些人甚至會說是**竊聽者**。我會聆聽屋子裡進行的每一場對話，事實上，我們家有個笑話說：屋子裡發生的事沒有我不知道的。我喜歡知道周遭發生的每一件大小事，因此，我童年時光花了很多時間在我們家或親戚家聆聽大人們的對話。我發現，他們談論的事情通常滿有趣的，但是我也注意到，他們大部分的談話都有一個高低起伏的演變過程，也就是對話會激發些許的衝突，然後慢慢緩和下來，再到近乎衝突，然後再度恢復、緩和。偶爾，人們會起爭執或覺得受傷，覺得受到誤解。這一切都令我覺得怪異得不得了，我眞的無法理解爲什麼大人的言行舉止是這個樣子。他們彼此交流、接觸的方式眞是把我搞糊塗了。我不清楚到底是怎麼一回事，就是感覺不大對勁。

相信自己所想的

隨著我每日每月，甚至年復一年的在旁觀察，有一天，我突然靈光乍現：「喔，我的天哪！大人相信他們所想的！所以他們才會吃苦！所以他們才會起衝突，所以他們才會有這麼奇怪的行爲讓我完全無法理解，這都是因爲他們完全相信了自己腦袋裡的想法。」嗯，對一個小孩子來說，這確實是個相當怪異的念頭，這對我是個很陌生的想法。當然，我的腦袋裡也有想法，但是當我還是個小孩子時，我不會像大人一樣，無論人跑到哪裡，頭腦總是持續不斷地對每一件事下評論、發表意見。基本上，我太忙於玩樂，或忙於聆聽，或太沉浸在對生活某些面向的著迷和驚奇感裡了。我領悟到的是，大人們花去太多時間在思考了，更重要的是（對我來說似乎是更詭異的事），他們眞的相信了自己所想的，他們相信了自己腦袋裡的想法。

突然間，我恍然大悟，明白了大人彼此溝通時發生什麼事、明白了他們所交流的其實是自己的思想，而每個人都相信自己所想的才是眞的。問題在於，每一個大人對於什麼才是眞的，也都各有不同的想法，因此，他們的交流其實是一種沒有明說的談判，雙方都企圖占上風、試圖推翻對方的想法與信念。

我持續觀察了大人有多麼相信自己的想法之後，興起一種感觸：「他們瘋了！我現在了解他們了：他們瘋了。相信腦袋裡的思想簡直是發瘋。」奇怪的是，對一個孩子來說，發現這件事反倒讓我鬆了一口氣。讓我鬆一口氣的原因是，我至少能開始了解大人那個奇怪的世界了，儘管它對我來說依然沒什麼道理。

這些年來，我在分享這個經驗的過程中發現，許多人小時候也和我有類似的洞察，覺得大人的世界很瘋狂。不過，對許多孩子來說，這樣的洞察非但沒有讓他們鬆一口氣，反倒讓他們開始質疑自己，懷疑自己是不是有什麼問題。對身爲孩子的我們而言，發現自己賴以生存的、負責照顧自己、關愛自己的大人其實挺瘋狂的，眞的是個很恐怖的經驗！

人類受苦的兩難困境

對我來說，不知爲什麼，這樣的洞察並未讓我對成人世界產生恐懼，它反而讓我感到解脫，因爲至少，我可以開始理解他們的所作所爲了。就在這種不知不覺的情況下，我竟對人類一個主要的兩難困境獲得了第一個洞見，也就是洞察了人之所以受苦的根源。這就是佛陀在兩千五百年前所提出的問題：什麼是人類受苦的根源？

當我們望向這世界，當然也會看見不可思議的美麗與奧祕，有太多事情值得我們欣賞、值得我們肅然起敬，但是當我們望向人世間，卻不得不承認其中也有太多的痛苦與不滿，有太多的暴力、仇恨、無知，以及貪婪。爲什麼我們人這麼容易受苦呢？爲什麼我們似乎對它執著不放，好像它是一個非常重要的財產似的？

在成群的貓貓狗狗之間長大，我注意到的其中一件事就是：狗兒會對你不高興，牠會怨恨你、對你感到失望，也會覺得受傷，但是不消幾分鐘的時間，甚至幾秒鐘之內，牠就跳脫這種情緒了。牠能夠在很短的時間內放下受苦的感覺，回歸到牠最自然的快樂狀態。我不懂的是：「人類爲什麼這麼難以放下受苦的感覺？」**到底爲了什麼理由，即使它已經變成如此沉重的負擔，我們還是揹著它四處跑？就某方面而言，有許多人的生活是透過使**

他們受苦的事件來定義的，而且有許多人是爲了很久很久以前發生的事在受苦。這些事情早已經不再發生了，然而他們在某種程度上依然活在它裡面、依然在體驗那痛苦。這是怎麼回事呢？

童年時的這個洞見，是我對人們受苦原因的初步理解，儘管我當時根本不知道這有多重要。我越來越清楚地看見，我們之所以受苦的一個最主要原因，就是因爲我們相信了自己所想的，我們頭腦裡的思想像個不速之客闖入我們的意識，在那裡盤旋不走，於是我們對它們產生了執著。童年時期的這個洞見，遠比我所想像的要重要得多。經過了好幾年的時間，或許長達幾十年的時間，我才領悟到我童年時的知見確實一針見血地道出了我們爲何受苦的根源，也就是我們受苦的主要原因之一就是因爲我們相信了腦袋裡的想法。

我們何以如此？我們爲何相信腦袋裡的想法？當別人和我們說話時，我們並不相信他們腦袋裡的想法呀！當我們讀一本書時，書中記錄的完全是某人的想法，而我們卻可以接受它們，也可以不理它們，但是我們爲何那麼喜歡緊緊抓著出現在自己頭腦裡的想法，執著於它們、與它們認同？即使它們導致了深切的痛苦與折磨，我們好像還是放不下它們。

語言的陰暗面

我們像是被設定程式般去相信自己的想法，是從教育開始的，它透過所有人都經歷過的很自然的語言學習過程而完成。對一個孩子而言，語言是個天大的發現，能爲事物命名眞是太棒了！能夠指著一件東西然後說：「那就是我要的！」「我想要喝杯水。」「我想要吃東西。」「我想要換尿布。」等等，實在是太有用了。首度發現語言並開始使用語言，是個非常了不起的突破。年幼時，我們覺得語言最有力量的一部分就是我們自己的名字，也就是當我們發覺自己擁有一個名字的時候。我還記得自己當初有此發現的那一刻是什麼情形，過去我會在腦海裡一次又一次地念著自己的名字，因爲那眞是好玩極了！那是個天大的發現：「哦！這就是我！」

長大之後，大部分的人對語言也多少有些迷戀。語言成了一種彼此交流美好事物的實用工具，也是一個分享生活經驗、讓我們順利度過每一天的強大工具。等到年紀漸長，它又變成一種表達優秀創意與智慧的方式。不過，語言就和每一件事物一樣，也有它的陰暗面。思想也有它的陰暗面，但是卻從來沒有人教育過我們關於它的事。沒有人告訴過我們，相信頭腦裡的思想可能是一件很危險的事；我們所受的教育反而剛好相反。事實上，我們在成長過程中就像一部電腦一樣，被我們的父母、周遭的環境和人們彼此設定了電腦程式，我們所受的教育是要以絕對的角度來思考：一件事非此即彼、非對即錯、非黑即白。這種程式設定影響了我們的思考方式，以及我們看待世界的方式。它是藍的嗎？紅的嗎？大的嗎？高的嗎？

偉大的靈性導師克里希那穆提（J. Krishnamurti）曾說：「當你教一個孩子一隻鳥叫做『鳥』，孩子將再也看不見鳥。」他們看見的只會是「鳥」這個字，那就是他們去看、去感受的東西。當他們抬頭望向天空，看見那奇怪的、有翅膀的小生命在空中飛翔時，他們將會忘記，實際在那裡的東西其實是個偉大的奧祕。他們會忘記，自己其實不知道那是什麼；他們會忘記，在天空裡飛翔的是超越一切語言文字的，那是浩瀚生命的一種表達。那翱翔而過的東西，實際上是如此的非凡、神奇，但是我們一給它冠上名字，就以爲自己知道了那是什麼。我們看見了「鳥」，然後幾乎立刻給它打了折扣。「鳥」、「貓」、「狗」、「人」、「杯子」、「椅子」、「房子」、「森林」——所有的東西都被命了名，而一旦我們爲它們冠上名字，它們也失去了天性裡的一部分生命力。當然，我們必須學習這些名稱，才能對它們建構一些概念，但如果我們開始相信這些名稱和我們堆砌在它們周圍的概念是眞實的，那麼我們就踏上了一趟概念世界的催眠之旅了。

思考與使用語言的能力有一個陰暗面就是：若我們漫不經心或以不明智的方式來使用它，就會造成自己的痛苦，並嘗到人我之間不必要的衝突。因爲，畢竟那就是思想的功能：它分別、歸類、命名、分割、解釋。再次強調，思想和語言有其實用的一面，因此極有必要好好發展。進化過程非常努力地確保我們有能力進行條理分明的理性思考，或者換句話說，以一種能保障我們生存的方式來思考。然而當我們回頭看看這個世界，我們看見的是，進化用以幫助我們生存的東西，對我們也同時變成了一種囚禁。我們困在了一個夢幻世界裡，在那樣的世界，我們根本上是活在自己的頭腦裡。

這就是許多古老的靈性教誨所指出的夢幻世界。當許多年長的智者、聖人說：「你的世界是一個夢。你活在幻相裡。」他們指的就是這個頭腦的世界，以及我們相信一己對現實的想法這一現象。如果我們透過思想在看世界，就不再如實地體驗生命、如實地體驗他人了。**如果我對你有什麼想法，那是我創造出來的東西，我已經將你變成了一個概念。就某方面而言，如果我對你有任何我信以爲眞的概念，我已經貶低了你，我把你變成了一個渺小的東西。這就是人的行事方式，這就是我們對待彼此的方式。**

要眞正了解受苦的原因，以及我們從中獲得解脫與自由的潛能，我們必須非常仔細地檢視人類受苦的這一根源：當我們相信自己所想的、當我們將想法信以爲眞時，我們就會受苦。除非你仔細去檢視，否則它並不是那麼明顯，在我們相信自己的想法那一瞬間，就開始活在一個夢幻世界裡了，其中我們的頭腦將整個世界概念化，而這樣的世界並不實際存在於任何地方，它只存在頭腦裡。在那個當下，我們開始體驗到一種孤立感，我們不再以一種豐富而充滿人性的方式和彼此連繫，反而越來越退縮到一己頭腦的世界裡、退縮到我們自己創造的世界裡。

走出受苦的迷局

那麼，出路在哪裡？我們該如何避免迷失在自己的想法、投射、信念與意見裡？我們該如何找到走出這整個受苦迷局的出路？

首先，我們必須進行一個簡單而有力的觀察：一切的思想，無論是好的或壞的思想、愉悅的或邪惡的思想，都是在某個東西之內發生的。一切思想都在一個廣闊無垠的空間當中生起、消滅。如果你觀察你的頭腦，會看見一個思想單純地自行發生，它的生起與你的意圖完全無關。對此，我們所受的教育是要緊緊抓住它們、要跟它們認同。但是，如果我們能鬆開這種想要緊抓著思想的焦慮傾向，就算只是一下子也好，也能開始注意到一件非常深奧的事：思想從一個浩瀚無邊的空間裡誕生、現前，然後自生自滅，那嘈雜的頭腦其實是發生在一種非常非常深邃的寧靜感當中。

初次觀察時，這可能不明顯，因爲我們已經習慣依外在環境來爲寧靜下定義：我家安靜嗎？鄰居的狗是不是不再吠了？電視關掉了嗎？或者，我們也喜歡依內在狀態來爲安靜下定義：我的頭腦是否吵鬧不休？我的情緒冷靜下來了嗎？我是否覺得平靜了？然而，我所謂的寧靜並不是一種相對的寧靜，它不是噪音的不在，甚或也不是心理噪音的不在。它是開始注意到有一種恆常存在的寧靜，而噪音就發生在這份寧靜之內，包括頭腦的噪音。你可以開始看見，每一個思想都是在一個絕對寧靜的背景之中生起的。念頭是從一個無念的世界生起的，每一個想法都從一個浩瀚無垠的空間裡誕生。

我們若繼續探究思想的本質，特別是那個覺知到思想的是什麼或是誰的時候，我們多半會如此相信：「嗯，我就是那個注意到思想的人。」我們所受的教育，加上自然而然會認爲的就是：「你」和「我」是分離的獨立個體，是那個「思考著」思想的人，否則還能有別人嗎？然而，如果你深入檢視，你會領悟到，**「你就是那個在思考的人」**這件事，其實並不是眞的，思考純粹是自行發生的。無論你想不想要，它都會發生，無論你想不想要，它也都會停止。你若能開始看見這個過程，可能會很震驚地發現，你的頭腦其實是自行思考的，也是自行停止的。如果你不再試圖控制頭腦，就會注意到思想發生在浩瀚無邊的空間裡。這是一個非常了不起的發現，因爲這告訴了我們，有某種非思想的東西存在，我們不只是自己頭腦裡出現的下一個念頭。

相信自己的念頭、在內心深深相信它們就是眞實狀態時，我們會看見這直接導致了挫折感、不滿足，最終導致各種層次的受苦。有這樣的領悟是解除痛苦的第一步。但是，我們必須看見另一件事，一件甚至更爲根本的事，不過這份更深層的領悟卻是在我們形成意見、信念，以及概念化能力的許久之後才會到來。爲什麼會這樣呢？爲什麼我們雖然已經看見頭腦讓我們受苦，卻仍然深深執著於頭腦，而且態度激烈？爲什麼我們依然緊抓住這個身分認同不放，有時候甚至會有種是它緊抓住我們不放的感覺？我們會出現這種行爲的其中一個原因就是：我們以爲自己頭腦的內容物，亦即我們的信念、想法、意見等，實際上就是眞正的我們。**這是個最根本的幻覺：我就是我所想的、我就是我所相信的、我就是我的特定觀點。要幫助我們識破這個幻覺，就必須看得更深入才行，更深入地洞察到底是什麼東西驅使我們這樣去看世界。**

我們到底在追尋什麼？

《多馬福音》記載著一段耶穌說過的話，那是在耶穌去世不久之後寫下的，他說：「追尋者應該不停地尋找，直到找到爲止。當他找到了，他會受到擾亂。受到擾亂之後，他會感到震驚。然後他將能統御一切。」這是福音書裡第一句摘用耶穌的話，從許多方面來看，這都是福音書所有的語錄中最震撼人心的教導。「追尋者應該不停地尋找，直到找到爲止。」追尋者在尋找什麼？你在尋找什麼？人眞正在尋找的又是什麼？對於我們所追尋的東西，我們有各式各樣的名稱，但其實，我們說它是神也好、錢也好、肯定也好、權力也好、控制也好，我們眞正追尋的東西就是幸福。我們只顧著追尋這些外在形式，是因爲我們以爲得到它之後自己就會幸福。所以說眞的，無論我們對追尋的目標有什麼**說法**——神、金錢、權力、聲望等都好，我們眞正在追尋的就是幸福快樂。如果我們不是認爲自己追尋的東西能帶來幸福，就根本不會去追尋。

在這段話裡，耶穌一開始便鼓勵並指引人們，說追尋者應該不停地尋找，直到找到爲止，直到他找到幸福快樂、找到平靜，或者實相本身。而眞相是，在實相被清楚地、如其所是地看見之前，人是無法擁有持久的平靜或幸福的。因此，我們首先必須去找出何謂眞實、找出自己到底是誰，以及生命的核心是什麼。耶穌鼓勵我們要繼續前進，一再深入探究，直到找到方才罷休。但是其中的挑戰在於：多數人根本不知道如何去追尋。對我們大部分人而言，追尋只是另一種形式的緊抓與獲得罷了，那完全不是耶穌在此所謂的追尋。

耶穌指出了一條很久很久以前早已揭示予我們的追尋之道：向內追尋。如果我們真的仔細看個清楚，會發現一切從外在獲取的東西終將褪色、消失。這是佛陀在數千年前就已教導過我們的無常法則。無論是權力、控制、金錢、人，或者健康，你周遭所見的一切皆處於生生滅滅的過程之中。就像你的肺部吸進空氣，接著又吐出空氣，必須要有消退，生命才能有新的呼吸。這就是宇宙法則之一：一切所見的、所嘗的、所觸摸與感覺到的，終將消失而返回它的來處，如此才能再度誕生、再度出現，然後又再度退回源頭。

這段話的第二句，顯示了這部福音書的力量所在：「當他找到了，他會受到擾亂。」這句話指出了大多數人之所以找不到持久幸福的原因，因為大多數人都不想受到擾亂。我們不想讓自己的追尋幸福之路遭遇任何困難，我們想要的其實是有人將幸福放在盤子裡端到我們面前。但是要找到何謂真實的幸福，就必須願意受到擾亂、受到震驚，願意發現自己的假設錯了，然後被拋入未知的深淵。

所謂受到擾亂是什麼意思？從任何角度來看，我們又怎麼可能歡迎它或渴求它呢？要了解這件事就必須深入察看自己的頭腦、察看我們所相信的事，以及我們所緊抓不放的思想。我們必須好好研究自己的上癮現象，包括對控制、權力、讚美、肯定，以及終將導致我們受苦的所有事情的上癮。世上這些身外之物，可能可以帶來一些短暫的快樂與享受，卻無法爲我們帶來所有人都渴望的深刻滿足感。它們沒有能力探究我們爲何受苦這個問題，最終也無法爲人類的兩難困境帶來深刻的解脫。

如果有人對你說：「你可以停止受苦。你可以眞正地完全停止受苦，就在此時、此地。你所要做的就是放棄你所想的一切，你必須放棄你的意見、放棄你的信念，甚至放棄去相信自己的姓名。你必須放棄所有這一切，那就是你要做的所有事情。放棄所有這一切，然後你就可以幸福，完全幸福，永遠不再受苦。」但是對大部分的人來說，這是個令人無法接受的交易。

放棄我的思想？放棄我的意見？如果我這麼做，我就是放棄了我自己！不行！我不會這麼做！我寧願受苦也不願放棄我的想法、我的信念，還有我堅持不放的東西。這聽來或許荒謬，卻恰恰是多數人的處境，這就是我們多數人抱持的心態。當我們不願意受到擾亂，也就是不願意去發現我們所想的其實並非眞實，我們就永遠不會快樂。如果我們不願意去發現我們所相信的其實不是眞相，我們就永遠不會快樂。如果我們不願意去誠實探究我們自以爲是的自己這整個架構，然後虛心接受自己對自己的想法一直是錯的，也就是我們也許根本不是我們自以爲是的自己，如果我們不放開心胸去接受那樣的想法，甚或那樣的可能性，那麼我們就不可能找到終結受苦的出路。

這就是爲何耶穌會說，當你開始尋找，你會受到擾亂。當你變得有意識、變得更加覺知，當你開始睜開眼睛，你首先看見的就是自己竟被迷惑得如此之深、又是如此執著於讓自己受苦的東西。從許多方面來說，這都是最爲重要的一步——你願意有所覺知嗎？你願意睜開眼睛嗎？你願意錯嗎？你願意看見，自己也許不是站在眞相這個立足點、站在實相這個立足點在過生活嗎？這就是所謂受到擾亂的意義。但是受到擾亂不是件負面的事，這個詞在這裡的用法不是負面意義。受到擾亂的意思是：你願意見到眞相，你願意去看見，也許事情不是你想像的那樣。

廣大的內在空間

當你願意去玩味這個可能性，接受事情也許和你想的不一樣，那麼我所謂的「廣大的內在空間」將會在你內在開啓：那是一個讓你領悟到自己並不知道的地方。這確實是終結受苦的入口處：你意識到了「你其實不知道」這一事實。我的意思是你其實不知道**任何事**——你其實並不是眞的了解這個世界、不了解彼此、也不了解你自己。當我們眞的花一些時間看看四周，會發現這是一件再明顯不過的事。當我們看看這個人類所創造出來的世界，看看我們如何彼此往來，很顯然的是，我們確實什麼都不知道。這是我仍是個孩子時所看見的其中一件事：大人的世界有種瘋狂特質，每個人處處在假裝自己眞的知道，假裝自己知道事情的眞假虛實、假裝自己知道是非對錯，但其實根本沒人眞的知道。然而，這就是我們害怕的事，我們不願意承認沒人眞的知道。

我們又一次看見，多數人都極不願意受到這樣的擾亂，但是如果你的苦受夠了，我想你應該受了很多苦，那麼或許你會願意受到擾亂，或許你所受的苦會讓你渴望這片廣大的空間。或許你會願意敞開心胸，承認自己也許和你想像的自己完全不一樣、別人也或許和你想像的完全不一樣，世界也和你從前想像的完全不同。而這個下手之處就是從你自己開始，永遠都是如此，這是一個入口處，因爲畢竟這個廣大的內在空間存在於我們之內。

不過，我們總是傾向於從別人開始：「你要改！你改變了，我就會快樂！」「如果世界改變了，我就會快樂！」「如果環境改變了，或我的工作狀況、我的伴侶改變了，我就會快樂。」**而事實上，我們必須從自己開始，但不是試圖「改變」自己，因爲如果我們連**

自己是誰都不知道，怎麼可能知道要如何改變自己。第一件必須探究的事就是我們自己，探究眞正的我們到底是誰。在我們試圖改變自己任何事之前，我們首先要開始認識自己是誰、自己是什麼，因為透過發現自己所是的，我們便踏入了意識的領域，而這能終結不必要的受苦。

所以，就在現在這一刻，讓我們開始深入探究自己吧！我現在坐在一張凳子上，就在這裡當場看看我是誰，但是我眞的不知道。我發現自己是個深不可測的奧祕，我發現我可以為自己冠上一個名字，用各種名稱來稱呼自己，也可以編造一大堆描述來形容自己是誰，但其實，這些都只不過是思想念頭罷了。當我探查思想這一層面紗的底下，我發現自己是個奧祕。就某方面來說，我消失了，身為思想的我消失了，身為一個想像之某人的我消失了。我發現的是，如果我眞的是個什麼東西，那麼我就是一個覺知的點，正在認知到：我所想的一切關於自己的事都不是眞正的我，我認知到：我出現的下一個念頭永遠無法眞實地描繪出我。

當你探察思想這層面紗的底下，你發現了什麼？當你敞開自己，迎接某種超越頭腦的東西時，你到底發現了什麼？當你變得沉靜安定，然後探詢，而不冒然跳到下一個念頭時，會發生什麼事？安靜地問問：「我到底是什麼？」那樣的時刻不是絕對的靜定嗎？你是不是完全覺知到那份靜定了呢？如果我們不進入頭腦，我們是不是很明顯地就是某種廣闊無垠的、不可思議的奧祕與奇蹟，就是個靜定的、寧靜的覺知與意識的點？而在這份意識之內、在這份靜定的空間裡，可能也確實會有許多念頭出現，可能也確實會有許多情緒出現，它們會以我們頭腦所能想像的各種方式來臨，但實際上，那全是想像。我們怎麼知道那全是想像？因為我們一停止想像，它就消失無蹤了。當我們停止為自己冠上名稱，我們自以為是的自己就消失了，除非我們再度開始為自己冠名。當我們停下來，然後看，顯然存在的只有那個「看」，還有一份覺知的開放空間，其他什麼也沒有，因為下一件事只不過是下一個念頭。

成為自己的權威

沒人告訴過我們，**眞正的我們是一個覺知之點，或說純粹的靈性**，我們向來不是這樣被教的，我們受到的教育是要認同自己的名字，我們被教育要認同自己的生日，我們被教育要去認同下一個出現的想法，我們也被教育要認同所有頭腦收集的、關於過去的記憶，但所有這些只是一種教育，所有這些只不過是更多的思想罷了。**當你成為自己的權威，以**

自己的直接經驗爲依據，你將會與你之所是的究竟奧祕相遇。雖然剛開始探究你自己的無，會令人感到不安，你儘管做就是了。爲什麼？因爲你不想再受苦了，你願意受到擾亂，你願意感受驚奇，你願意覺得意外。你願意去了解：或許你曾經認爲的關於自己的一切，眞的都不眞實。

當你能對這一切敞開時，那麼，唯有那時候，你才能成爲自己的權威，才能靠自己的雙腳站穩腳步。也唯有那時候，你才能眞正探究頭腦底下的東西，進入兩個思想之間的空間，然後清楚地看見眞正的我們早在我們思考它時就已存在了，眞正的你早在你爲它命名時就已存在了。眞正的你之所是，甚至在你稱它爲「男性」或「女性」之前就已經存在了。眞正的你早在我們宣稱「好」或「壞」之前、「値得」或「不値得」之前就已經存在了。眞正的你，比你所說的眞正的你更爲根本。第一次看見眞正的你、第一次感覺到它時，你會大感驚訝，你會開始感覺到自己的透明，你開始認知到很可能你眞的根本不是什麼「某某人」，儘管關於「某某人」的想法會出現；儘管在你的生命中，你經常表現得好像你就是某某人。那是你過日子的方式，你必須對自己的名字有反應、你必須工作、必須把事情做完，你會稱呼自己是個丈夫或妻子或兄弟姐妹。這些全是標籤，這些都沒有關係。它們都沒有什麼錯，除非你相信它們是眞的。一旦你相信你爲自己貼上的那些標籤是眞的，你便限制了某種其實是無限的東西，你是將眞正的你局限爲一個小小的想法了。

對自己和他人的想像

讓我們看看自己是如何憑空生出一個自我形象的，因爲那確實就是我們正在做的事。從那片廣闊無垠的、寧靜與覺知的內在空間之中，我們建構了一個自我形象、關於自己的一個概念、關於自己的一整套想法，而這些是我們在年紀很小的時候就被教育要做的事。有人給了我們一個名字、有人給了我們一個性別。我們在生命過程中、在經歷人生的風風雨雨和喜怒哀樂時獲取經驗，隨著每一件事的發生，我們對自己的看法也跟著改變。我們一點一滴地累積對想像之自己的概念。在一段相當短的時間裡，在我們大約五、六歲的時候，我們就已經有了自我形象的初步結構了。我們的文化高度重視自我形象，我們竭力呵護自己的形象、我們妝扮自己的形象，我們努力把自己想像得比眞實的自己更強大、更優秀，也或許是更卑微。總之，在我們生活的文化裡，我們對自己或他人所投射的形象是受到高度重視的。

我記得自己在大學讀心理系的時候，其中一個探討的主題就是一個良好的、健康的自我形象有多麼重要。我對這個主題十分熱衷，然後有一天我突然想到：「形象？好形象、壞形象，都只是**形象**而已！」我了解到，我們被教育的就是要從擁有一個負面的自我形象變成擁有一個正面的自我形象。當然，如果我們要停留在形象世界裡、停留在認爲自己是個概念或形象的信念裡，那麼擁有一個良好的自我形象會比擁有一個負面的自我形象要好一些。但是，如果我們開始探究受苦的核心與根源，就會看見一個形象就只是如此：它就是一個形象。它是一個概念、一整套想法。它完全就是想像力的產物，它是我們想像出來的自己的樣子。到頭來，我們必須對自己的形象投注大量的注意力，因爲我們必須持續不斷地保護或改善自己的形象，才能控制別人會如何看待我們。

因此，我們實際上是在到處走動向彼此展示一個形象，而且以形象和彼此建立關係。無論我們認爲某人是誰，都只是我們自己頭腦裡的形象。我們若是從一個形象的立足點出發，並不是在和眞正的彼此建立關係，而是在和我們彼此心目中的形象建立關係，然後我們卻納悶著爲什麼彼此的關係不太好，爲什麼總是起爭執、爲什麼會對彼此產生那麼深的誤會。

每個人都知道，帶著一個差勁的自我形象在社會上活動有多麼難受、多麼痛苦。幾乎每一個人，無論是有意識或無意識地，都或多或少在努力讓自己的自我感覺更良好。有件十分常見的事情是，一旦你穿透了大多數人的外表，你會在核心之處發現一種感覺，亦即人們的自我形象是不足的、不夠好的，那是一個似乎受傷的形象，而這樣的形象永遠無法精確反映出那個人的本質。

但這裡有些更深層的東西，我們有可能以全新的方式看待形象，也就是從一個完全不同的角度來看。允許自己去看見，你的自我形象只不過是個形象，不是眞實狀態、不是眞相、不是眞正的我們。我們可以認爲自己非常好，或認爲自己沒什麼價值，但不管怎樣，這兩種結論所依據的都是我們頭腦裡的一個形象，而我們承繼或創造這形象的根據是受到了各方面的影響，包括社會、文化、朋友、父母，以及所有我們曾來往、參與過的人事物。長大之後，我們獲得了重新創造自我形象的能力，但是我們年幼的時候，社會、父母與文化給了我們一個自我形象，它制約了我們。從童年過渡到成年之後，我們會試圖改變自己的形象，因爲我們發現它不再適合了，感覺不大對勁。它就像一件我們再也不想穿的舊衣裳，因此我們會試穿別件衣服，我們創造出全新的形象，一個我們想像自己所是的全新幻覺。然而無論這個形象是什麼，只要我們深入穿透所有形象的核心，就會發現一種我們在假裝的感覺，一種希望自己不要被抓包、被拆穿的感覺，因爲我們並不是那個眞正的我們，而且我們眞的不知道自己是誰。

在我年紀還很輕的時候，我看著周遭的世界，我記得自己這麼想：「嘿！其他每一個人好像都知道他們是誰。」我的朋友也好，父母也好，或者我生活上遇見的人也好，我的感覺是每個人似乎都滿篤定的，他們都知道自己是誰，而且還知道自己在做什麼。至於我自己呢，我覺得我好像在假裝。當時的我沒料到的是，其他每一個人也都在假裝！當時的情況看來似乎除了我以外，幾乎沒有人在假裝。但是其實，當我開始和越來越多的人談論這件事、開始聆聽人們的談話內容和說法時，我卻開始了解到：假裝做自己的人遠比我想像的還要多！

無形象的發現

如果我們活在自我形象裡，活在我們自認是誰、想像自己是誰的情況下，這也會創造出一種情緒環境。例如，若我們認爲自己很好、很有價值，就會創造出一種感覺有價值的情緒，但若我們認爲自己沒價值，就會創造出負面情緒。因此，我們可以擁有很好的、也可以擁有很差的自我形象，這形象不是讓你的情緒感覺更好，就是更差，但無論是哪一種，如果我們深入探察所有自我形象的核心，會發現一種不眞實的感覺、一種不確實的感覺。

這是有原因的，那是因爲只要我們把自己當成頭腦裡的自我形象，就永遠無法感到完全滿足，也無法感到完全有價值。儘管那形象是正面的，我們也無法感到完全的生氣勃勃。

如果我們願意深入觀看，往表面底下探究，我們可望發現的，或說希望能發現的，是某種偉大的、閃亮的形象。多數人在潛意識深處都想要找到一個關於自己的概念、一個代表他們自己的形象，那非常好、相當了不起，十分值得欽佩與肯定。然而，**當我們開始詳細探究形象底下有什麼東西，會發現一件令人驚訝的事，甚或一開始會有點令人感到煩擾的事。我們發現了無形象**。如果你現在這一刻就去看，看看你對自己的概念底下是什麼東西，而且不插入另一個概念或形象，只要看看你如何定義自己的底下是什麼，你會發現的是沒有形象、沒有關於你自己的概念。沒有一個更好的形象，也沒有一個更差的形象，而是沒有形象。由於這實在太令人意外了，大部分的人幾乎會本能地立即逃開，他們會回到一個更正面的形象裡。但是如果我們眞的想要知道自己到底是誰，如果我們眞的想弄清楚自己受苦的眞正原因、眞的不想再將自己誤認爲某個不是自己的人，就必須願意去看看形象底下的東西、看看我們對彼此的概念底下的東西，尤其是我們對自己的概念。

感覺並且知道自己是完全的無形象、無概念，是個什麼樣的經驗呢？起初，它可能會令人感到迷惘、困惑，你的頭腦可能會想：「可是總得要有一個形象吧！我必須要有張面具來戴上才行。我總得要以某某人或某些東西的樣子，或以某種特定方式來呈現自己吧！」但是，那當然只是頭腦的想法，那只是受制約的思考方式，事實上，那只是恐懼的現前，因爲我們害怕知道眞正的我們是誰。當我們深入探察眞正的我們，在我們的概念底下、形象底下探察，那裡根本沒有什麼形象。

有個禪公案，也就是你無法用頭腦揭開、只能自己直接去看的謎題，說：「父母未生之前的本來面目是什麼？」當然，如果你的父母都尚未出生，那麼你也尚未出生，而如果你尚未出生，那麼你也就沒有軀體、沒有頭腦。如果你尚未出生，你便無法爲自己構思一個形象。這是一種利用謎題來參究的方式：你到底是什麼？當你超越一切形象、一切關於你自己的概念去觀看，當你以絕對直觀的方式來看，就在此時、此地，完全從你的內在去觀看頭腦底下的東西、概念與形象底下的東西時，你是什麼？你是否願意進入那個空間，那個不投射任何形象與概念的空間呢？你是否眞的願意並且準備好要變成那樣自由、那樣敞開了呢？

2
解除受苦狀態

人總是會受驅使去反思自己的人生，而幾乎每個人都會注意到的一件事就是，受苦是身而爲人的一種常態。人類歷史上曾出現許多人試圖了解或解釋受苦這件事，世上所有的宗教就是一種獨特的方法，用以處理人類的苦，以及許多人心中感受到的疏離和某種脫節感。有那麼多的人覺得自己和其他人是彼此分離的，這又滋長了一種恐懼和孤立感。因此，總是有一個深刻且揮之不去的問題存在：「我們爲何受苦？」

那不是多少世代以來人類問過的唯一一個問題，但是在某種程度上，它卻是最私密的問題，因爲從生物角度來看，我們應該具有避免受苦的強烈本能。換句話說，當我們覺察到衝突、覺察到某種焦慮時，我們的身體就會緊繃。當我們受苦，我們的身體也會直接做出反應——我們的呼吸改變了，心跳也改變了，我們的身體會送出訊號，通知我們有事情不對勁。在生物上，我們有許多方式驅使我們不去受苦，所以，這眞的是件怪事，儘管我們的生物設計是不該受苦的，我們卻依然會受苦。

看起來像是我們的本能其實要的是快樂，當我們感到快樂，就連身體都會以最佳狀態來運作。當我們感覺舒服，我們是心胸敞開的，而且通常更健康、更精力充沛。所有關於我們的存在、關於這整個進化所創造的機制，似乎都與要快樂、要平靜、要有愛、要心胸開闊脫不了鉤，然而人類最普遍的經驗之一卻是從不間斷地受苦，而我們更經常竭力去隱藏或否認這發生在內在深處的苦。

所以，讓我們更深入地探察受苦這整個概念，看看我們爲何受苦，並探討我們是否可能在任何時刻立刻脫離痛苦，而不必在未來脫離痛苦，因爲未來永遠是一個未知數。

若我們去檢視受苦的根源，它本身顯得相當簡單。我們經常認爲，傷害的來源是來自於我們外在——因爲今天下雨、或者風太大讓我們感覺好冷，或者某人說了什麼傷了我們的話，或者我們小時候家人對我們很嚴苛，就這樣沒完沒了，我們可以找出各式各樣自認受苦的理由。但是，苦是從哪裡生起的？有沒有一個讓這苦發生的中心點呢？我們若開始檢視受苦，受苦的是你和我，是我們的自我感在受苦，在感覺緊繃、焦慮、疏離和寂寞。

當然，也是同樣那個自我在感覺快樂、喜悅、愛和平靜，但這個「自我」裡面有什麼東西讓它如此容易受苦呢？

在進一步的檢視之下，我們會看見自我意識的其中一個顯著特質就是我們感到分離，我們覺得「不一樣」，我是這裡的一個自我，你是那裡的另一個自我。這是我們與生俱來、自然而然就有的東西。一生下來，我們就開始了個體化的過程，換句話說，也就是成為分離的。如果你見過小嬰兒，會發現他們可以盯著鏡子裡的自己一直看，完全入迷，當他們還很小的時候，他們會這樣一直盯著自己，完全沒有認知到那是誰。但是幾個月過去之後，甚至在他們會說話之前，你會發現嬰兒開始認出鏡中的人就是自己，然後他們在看著鏡中這一坨神祕的東西時會顯得興致盎然、深深著迷，然後有了初步的認識：「那就是我！」

隨著日子一天天過去，小孩子學會了他的名字，還有一大堆人類的價值觀、道德觀，還有思想系統：什麼是對的、什麼是錯的，什麼該、什麼不該，誰該做什麼、誰又不該做什麼等等。如同我先前提過的，長大之後，我們學會了這整個概念化的世界、這整套的思考方式。我們就是以人類這樣的思考方式被帶大、被啓蒙，而學會了這套概念化生命與看待生命的方式，一點一滴地，我們成長之後，又進一步接收了整個文化看待生命、看待自己、看待彼此，以及看待整個全世界的方式。就受苦的根源而言，我們可以看見它是從

「你」和「我」的出現，亦即這種自我的分離感開始的。

開啓通往受苦的門

那造成受苦的自我感是怎麼回事？沒有自我感的時候，我們依然可以感覺到痛苦，甚至可以感覺到某種極度的苦悶。小嬰兒也會生氣、會哭會叫，但它在本質上是一種不同的苦，和我們成人之後、意識到自己是誰之後所遭受的苦不一樣。引起痛苦的是身爲一個自我、一個某人、一個有別於其他任何東西的獨立個體這樣的感知，而這樣的感知是有些東西值得探討的。隨著我們年紀漸長，我們會開始發展所謂的「小我」（ego）。我們的小我最基本的定義就是我們對自己是誰的感受。一種對自己是誰的小我感，代表著我們從根本上視自己爲分離的、與周遭世界有別的。

剛開始，這種異己感（sense of otherness，或他者感）並不是個問題。如同我們看見的，當小孩子發現自己的異己感時，那其實是個偉大的發現。就在那個時候，他們開始會說：「這是我的，不是你的。那是我的！給我這個！我要這個、我要那個！」事情也開始改變了。剛開始，學習如此看世界，對孩子來說會讓他們感覺自己很有能力，所以他們才會那麼常使用它。當他們發現自己最初期的自我感時，這能幫助他們在這世上找到一種平等感。這幫助他們定位：「我在這兒，相對於你。」這似乎是種必要的東西。我說**似乎**必要，因爲這幾乎發生在每個人身上。每個人都會發展出一種分離的自我感、一個小我結構。所以，如果說它錯了或它不該發生，那就完全說不通了，因爲它確實發生了，而且幾乎總是如此發生在每一個人身上。

但是，我們的自我感有它的陰暗面：當我們視自己爲分離的、有別於周遭世界的，就滋長了疏離感和恐懼感，因爲當我們視生命爲「他者」、視他人爲「他者」，那麼這些「他者」就被視爲潛在的威脅。當然，生命本身就是小我所能夠想像的其中一個最大的威脅。生命是個無邊無際的發生，你可以去旅行、可以去度假、可以跑到地球的另一端，但是你依然逃離不了生命。你可以上月球，但依然逃離不了生命。你無法逃離整體存在。只要我們仍將存在視爲在本質上異於眞正的我們之某物，我們便會將整體存在視爲一個潛在的威脅。將整體存在視爲潛在威脅將助長恐懼的滋生，而這又進而助長了衝突與受苦。當我們在本質上將自己視爲分離的，我們會開始想著要照顧那個「我」，**我的**需求和**我的**想望是最重要的，因此我必須確保自己得到自己想要的東西，無視於他人的需求和想望。因此，你最先出現的一個深刻洞見，可能就是一切的苦皆立基於對自我的誤解上。我們一旦下了結論，認爲我們以一個分離的自我而存在，便開啓了一道通往受苦的門。

我必須講清楚，我不是在建議說每個人都必須擺脫他們的自我感，因爲每個人都需要自我感。只要想想自己沒了自我感是什麼樣子就知道了。如果你餓了，你會眞的不知道要把食物放進哪裡，你是放進自己這張嘴裡，還是放進那裡那張嘴裡呢？它該去哪張嘴呢？如果你沒有自我感，你眞的會不知道如何在世上運作。假如你口渴了，也會不知道要將水放進哪裡，這實在太古怪了。但是進入非常非常深的靜心狀態，讓所有的自我感完全消除、讓自我暫時消失，事實上是可能的。問題在於，你會變得完全無法運作，你眞的無法做任何事。所以，擁有一個自我感，一種「我在這裡」的感覺非常重要。事實上，在生物上，那已經牢牢設定在我們的身心系統裡了。

然而，那也是潛在的誤解萌生之處，因爲我們被賦予一個名字時，會直覺地立刻將它安放在自我感上頭，如此我們的自我感就有了一個名字，還有一個年齡，而隨著人生繼續發展，它也有了一個叫做**歷史**的東西。我們年紀越大，分離的自我感就會越濃厚，我們的自我感會越來越凝聚、越來越堅實，而且在某種程度上甚至越來越眞實。而當它感覺越眞實，我們就越覺得它需要受保護、它需要如自己所願。我們的分離感感覺起來越眞實，我們就越渴望能控制我們的環境、控制他人，好讓我們確保能獲得自己想要的東西。

我經常問一個問題：「在其實沒有一個自我的情況下，怎麼能夠有一個自我感呢？」探討這個問題時，我最喜歡舉的例子就是自我感好比一種香水。它是你一己存在裡的一種感受，這種感受瀰漫在眞正的你之所是當中。如同我說過的，它能幫助你在這個世界就定位、幫助你運作，它在某方面就好比香水，當你深入感受自我感這東西，你會發現它比較像是一種感覺，而不是某種實物。以這種方式來說，它就像是散布至你一己存在的一種氣味。只有一種它在這裡的感覺、一種它「在」的感覺。

頭腦於是開始在這早期的自我感上添加東西，它所添加的第一個東西就是思想，稱爲「我」。這第一個思想一來，你就已經可以感覺到自我感變得更濃厚、更凝聚、更鞏固了，不再那麼飄渺或像香水一般無形。現在，它開始像是某種有歸屬感的、與周遭世界不一樣的東西，而且展現出這樣的特質。頭腦會繼續努力，創造一個越來越精緻的自我，更會用這個自我感當作證據，證明確實有個自我。

小我只不過是一種意識狀態

所有的靈性教導都告訴我們要向內看，要「認識自己」。除非我們認識自己，否則永遠無法找到超越受苦的出路。其實，正是因爲我們不認識自己，才會如此容易受苦、如此容易誤解我們是誰的本質、誤解實相。因此，這個假設我們是分離的、是迥異於周遭一切的，就是我所謂「小我意識」的基礎。因爲畢竟，我在此眞正要談的是一種意識狀態、一種在概念上歸納這世界的方式。**當我們的頭腦開始想像自己是分離的、有別於周遭世界的，它就已經改變了我們的感知與理解方式，這表示它也改變了我們的意識狀態。我們所相信的想法將會轉變我們的意識狀態。**

如果你覺察自己出現的念頭，便隨時可以看到這種意識的轉換。以下面的念頭爲例：想像一個天氣晴朗的海灘，你全然放鬆地躺在沙灘上，聆聽海浪拍岸的聲音，你可以感覺到溫暖的沙子從底下支撐著你。你可以感覺到照射在你臉上的陽光，還可以聽到遠處海鳥的啼鳴聲。只要想著這樣的想法，讓自己眞正去感受它們，這些想法就會開始改變你的意識。你眞的會開始對這一刻有不同的感覺，儘管實際上沒有什麼事發生、儘管你並不是眞的躺在沙灘上。雖然這一切都是透過想像在你頭腦裡創造出來的，它卻能改變你的感受，而你的感受將會影響你看待自己、他人，以及周遭世界的方式。

因此，進一步來說，當頭腦在詮釋我們的自我感時說眞的有一個自我，我們的意識也隨之改變了。而且不用多久，我們的意識所到之處，看見的都是分離。當然，它不會這麼告訴你。多數人不會走到哪裡都對自己說：「我覺得與周遭一切分離。我是獨特的、不一樣的。」那是因爲這個意識的改變、這個小我意識，已經完全融入你看待生命和體驗生命的方式裡了，以致於你根本不需要提醒自己。你甚至不需要有意識地去想它，因爲它已經深深交織在你的感知與理解方式當中。而眞相是，究竟而言，小我只不過是一種意識狀態。

如果能夠完全理解它最深的這一層面，也就是小我只不過是種意識狀態，我們就不會和它捆綁在一起了，我們就不會被它拖累，也不會感到孤立。然而，我們總是能將小我和自己視爲一個完全有別於他人的分離實體，而周遭每一個人都在做同樣的事。我們身邊的每一個人都將自己視爲在本質上和他人不同、和整體生命不同，因此，在我們活動的世界裡，幾乎我們所遇見的每一個人也都會將這種小我意識反映回我們身上。要想獲得自由解脫，我們就必須從頭腦所創造的這個夢醒來，從視自己爲有別於其他一切的分離個體這樣的夢中醒來。這是讓我們從痛苦中找到出路的唯一方式。

實際上，小我是虛構的，它眞的只不過是頭腦裡的一個故事。對一些人來說，這樣的想法是一種革命，有些人甚至認爲推翻小我這個概念非常危險、愚蠢，或者荒謬。我的整個自我感、整個身爲獨立個體的感覺，怎麼可能是虛構的呢？這個自我感，怎麼可能只是我自己在頭腦裡創造出來的呢？

過去的消失

我想和你分享一個小小的練習，讓它幫助我說明接下來要說的事。只要花一下子的時間，就說五秒鐘吧，在這五秒鐘裡讓自己停止思考任何事，包括關於你自己、關於他人和關於當天的任何事。只要花五秒鐘的時間，讓你的頭腦安靜下來。而在這五秒鐘裡，實際會發生什麼事呢？你或許認為自己會體驗到的唯一一件事就是安靜的頭腦，但是如果你確實去探察，看看不去想關於自己的事的時候會發生什麼事，你可能會看見你不再是分離的、你不是一個「他者」，而且在那樣的時刻，你會發現自己過去的一切全部消失了。有些人可能會覺得這很恐怖——竟然看見自己不想著過去的時候，過去就眞的不在那裡了。

但是，事情不是很明顯嗎？即使是一秒鐘前發生的事，現在都不再發生了，而且也永遠不會再發生。無論一分鐘前或一個星期前或一個月前發生了什麼事，它的結束幾乎和發生一樣快。當然，我們已經將它記錄在腦子裡了。我們的頭腦類似一部錄影裝置，它能錄下過去，然後在現在重播，然而頭腦所播放的只是過去的心理映象，而不是實際的過去。你若能停止思考，存在的就只會剩下現在。你必須變出一個關於昨天的概念，它才能夠存在，而當我們想起昨天，想起過去的某個時刻，我們其實是認為它眞的存在。更糟糕的是，我們相信自己能正確地記得過去！但是，每一個研究記憶以及我們是否能準確憶起過去事件的研究皆顯示，我們的頭腦幾乎立刻就會扭曲過去。

在一個用來測量記憶力的知名研究中，一群大學生被告知一個非常短的、只有三十秒的故事。研究者說：「我們要告訴你這個故事，你所要做的就只是盡可能正確記住這個故事。然後在不同的時間間隔之後，我們會要你複述這個故事。」所以，學生開始聆聽故事，而且知道自己唯一的任務就是盡可能正確地記住它，然後，一分鐘之後，他們被要求將故事複述一遍。五分鐘之後，他們又被要求複述故事一遍，然後是半小時後、一小時後、十二小時之後，然後是一天之後、兩天之後，然後是一星期之後，最後是兩星期之後。

研究人員發現的是，在第一次的故事複述裡，僅僅一分鐘之後，學生其實已經開始扭曲故事了，他們的記憶力其實不如他們自己想像的正確。儘管研究人員是對非常聰明的大學生說故事，而且學生的任務相對簡單，只要單純地記住故事即可，可是他們卻發現，學生至多在第三或第四次複述這個故事時，它已經變得大相徑庭，和原本的故事相較之下幾乎面目全非了，而那還只是在第三或第四次複述時發生的情況，仍在聽完故事後的一、兩個小時內。等到一個星期之後，或兩個星期之後，故事已經被扭曲到你幾乎無法想像它是來自原始故事了。然而，所有的學生都真的相信自己十分正確地記住了這個故事。

證據已經一再顯示，我們對過去的記憶實際上不是記憶，反而更像是思想與畫面的重新創造與重組。我們許多人都十分驚訝，我們的回憶實際上竟是如此不正確。多數人都強烈覺得，我們對過去事件的記憶就是實際上發生的情況，我們不相信自己可能擁有「選擇性的」記憶。我們認爲：「哦，我當然記得當時發生了什麼事。它在我腦海裡依然栩栩如生！」

這裡所揭露的眞相是，一個片刻一旦消失，它就眞的消失了。而當你不以思想製造自己的存在時，就眞的沒有一個自我。你所要做的一切就只是試驗一下子，只要花五秒鐘的時間靜止下來。你的名字、你的性別，以及你所想像的自己會如何？

如果我們想要找到超越痛苦的方法，就必須好好看看這個自我感，它眞的只不過是投射至當下這一刻，然後投射至未來的記憶聚合體。我們必須要注意到，我們所認爲的自己只不過是這個：純然的念頭。無論我們想像自己是什麼，都是如此，都是想像。無論是我們的念頭或我們的想像，都無法告訴我們眞正的我們是誰。

要完全敞開去迎接你不是自己所想的自己、你不是自己頭腦裡的故事這樣的概念，的確是件相當令人驚訝的事。如果你眞的開始看見這一點，將會是一種革命性的突破。它會開始質疑眞正的你本質爲何，而透過這種看待自己的方式，也就是透過好好看看你的頭腦如何製造出你的自我感與自我形象，你會開始察覺到自己與頭腦有了一些距離。究竟，那個注意著你對自己的想法的是什麼？那個看著頭腦、認出它的是什麼？那個注意到所有你對於自己的概念的是什麼？那個看著自我形象的是什麼？那個感覺到一個分離自我的東西是什麼？只要帶著類似這些問題來生活，你頭腦內的空間就會打開，你會開始了解到：或許你眞的不是你的頭腦，你的頭腦可能就只是發生在你內在的東西，而且思想或許也只是某種自行生起的東西。你不貿然進入下一步，讓自己認爲有個「思考者」在想著它。那麼問題就變成了：「這些思想是發生在什麼的內在？是誰或是什麼在覺知到它們？」

受苦的三種方式

控制的幻覺

我們在本書稍後會花一些時間探索這些問題，現在，我們先來探討小我製造痛苦的三種常見方式，看看除了「我們的思想念頭爲我們帶來痛苦」這個最基本的觀察之外，還有些什麼。第一種方式也許是這三種當中最根深柢固的，也就是我們的控制欲望。只要我們仍想像自己是與他人、與周遭生活的一切分離的某人，我們內在自然就會有種感覺，覺得生活是我們必須控制的東西。爲了要獲得安全的保障、要保持分離，我們必須要控制的不只是自己，還有他人，以及周遭的所有環境。然而，眞相是我們根本沒有**任何**控制權，這讓我們陷入了麻煩。

眞相是，我們沒有任何控制權，小我對現實如何開展與如何呈現自己並無任何控制權。爲何小我會沒有任何控制權呢？這單純是因爲小我僅僅是你頭腦裡的一個思想，它是個形象，它是你的頭腦用以指涉自己、思考自己、在一開始創造出一個自我感的方式。如果你的整個小我之我僅僅是想像的產物、一個各種思想連結在一起的機械式結果，那麼一個思想顯然沒有任何控制權。思想只是某種出現之物，它只是發生，然後消失。

去看清楚這件事非常具有挑戰性，而且有時是十分恐怖的一件事，尤其在我們相信自己就是那個小我時。不過，生命總是從不間斷地、一而再地告訴我們，說我們眞的沒有我們想要的、或我們自認擁有的控制權。只要向內看看你的頭腦就好，你眞的無法控制某個念頭是否會進入或離開你的頭腦。如果你連出現在腦袋裡的念頭都無法完全控制，你眞正擁有的控制權能有多少呢？假如你眞的能控制，你難道不會決定永遠維持美好的感受、永遠保持心胸開放、散發著愛，而且永遠很快樂？儘管生命一而再、再而三地顯示予我們，說小我沒有任何控制權，我們卻依然相信它有，這不是很奇怪嗎？我們一直堅持它有，因爲如果它沒有，這衝擊實在太大了！發現自己無法控制，似乎是小我所能領悟到的一件最糟糕的事情了，因爲如果小我不能控制，它就眞的沒希望了，它就走進了死胡同。它沒辦法將生命變成它想要的樣子。

如果我們眞的是我們的自我、如果我們眞的是那個頭腦的思想創造出來的自我，那確實糟糕透頂，不過我們不是。我們眞正所是的，是那個觀看著頭腦、注意著頭腦、覺知到所有包括控制欲望等心理活動的東西。如果你眞誠地探究「控制」這整個概念，它眞的能讓我們的頭腦豁然開朗，而那是我們爲了終結持續的痛苦所必須做的：我們必須打開自己的思路，最終，我們會打開一個超越思想的地方。但是剛開始的時候，我們必須敞開迎接自己願意去思考的東西，以及自己願意接受的結論。處於小我之中時，我們自然而然會試圖控制彼此、控制自己，我們會試圖控制生命。但我相信，你已經注意到自己無法控制生命了。太陽在它想出來的時候就出來、想落下的時候就落下，而不是依照你我想要它落下的時間運作。一陣雨落下了，不管你想不想要都一樣；月亮升起又落下了，不管你想不想要都一樣。

對每一個片刻來說，也是同樣的道理，對我們遇見的每一個人亦然。我們以爲自己能控制，但那只是個幻覺，那是個騙局。

這個騙局是在我們的頭腦裡創造出來的，就某些方面而言，它是整個存在裡最具說服力的騙局，因為只要我們以為自己擁有控制權、只要我們以為自己**能夠**控制，我們就會牢牢捆綁在小我的意識狀態下。表面上，控制的幻覺讓我們有安全感、覺得能為自己打造一個舒適、安全的生活，能依照我們自認需要的東西來操縱生活。而實際上，我們並沒有這種控制權。不過，這個幻覺的設計與複雜程度實在太不可思議了，最後，幾乎每一個人都上了它的當。除非生活真的遭逢極大的困難，否則幾乎每個人都這麼想：「我能掌控自己的人生。」

有些時候，你幾乎是被迫承認你無法控制。一陣痛苦的情緒生起，而你無法擺脫它，你無法讓它消失不見。突然之間，事情很清楚：「我無法控制！」而這又造成了更深的痛苦。「哦，不會吧！這不在我的掌控之中！我無法改變這種感覺！我該怎麼辦？我要怎麼改變這一切？」這是不是很諷刺呢？儘管我們已經看見自己無法控制，卻仍習慣性地緊抓著它不放！這不正是瘋狂的定義嗎？一再地試圖做同樣的事情，卻期待不同的結果？但是，我們真的會花上一輩子的時間企圖行使這個我們並非真正擁有的控制權。

要求事物有所不同

頭腦創造痛苦的另一種方式，就是要我們對生命與他人做出要求。就某種意義而言，小我是部要求機器：「我想要這個！」「我想要那個！」「我不想要這個！」「我不想要那個！」「你應該像這樣！」「你早該爲我做那件事！」「我不該有這種感覺！」這所有的要求，在本質上都是我們試圖操弄現實的方式，我們利用這些要求，來堅持生命應該與它如是的樣子不同。我們以這種方式面對生命，雖然在程度上不一定總是那麼明顯，但是如果我們仔細探查，就能看見這種傾向十分普遍。你隨時都可能對生命做出無意識的、隱微的要求，要它有所不同。

我們盼望生命中的每一件事都能讓我們快樂，而不了解快樂其實就在我們內在最核心的地方，它是我們一己存在的天性。沒有什麼方法能變成快樂的，我們只要停止去做那些讓我們不快樂的事就好了。**我們讓自己極不快樂的其中一個方式就是對自己和彼此做出要求**。要求某人改變，好讓我們能夠快樂或滿足，這是人們非常普遍的互動方式。在這個過程中，我們完全忽略了可能對他人最有益的，或對整體最有益的事。這眞的是愛的表現嗎？這眞的是我們最終想要的東西嗎？我們眞的想要周遭的每一個人都改變，只爲讓我們快樂嗎？我們眞的想變成那樣的暴君嗎？這眞的能展現我們最懇切的心、展現我們內在都擁有的愛嗎？

當我們堅持周遭的人、事、物都必須改變，好讓我們快樂，我們事實上是在否認自己內心深處的某個東西。我們是在否認自己是誰的眞相，我們在否認彼此的眞相。我們在想像，快樂取決於生活中的事件與環境，以及生活中出現的人。我們相信，如果生活中的每一個人都能「像那樣」，我們就會心滿意足。

因此，如同控制的欲望，這個要求的欲望其實是從那稱爲「小我的意識狀態」生起的，而我們在其中想像自己與每一個他人都是不同的、分離的。然而，再次強調，「我們是分離的」這種概念並不眞實，它全是編造出來的，它完全是從我們頭腦裡想像出來的，那是我們正在做的一場夢。這場夢的困難之處在於，幾乎我們周遭每一個人都在做同樣的夢，它根本上就是人類的集體大夢。因此，不是只有你或我在做夢，幾乎所有的人都在做這個自認分離、自認完全有別於周遭世界的夢。這表示，我們著實必須深觀、必須往一己內在非常深處的地方探究，因爲我們不只要藉此超越我們被迷惑的頭腦、超越我們的誤解，還必須超越整個人類的集體幻覺。

與如是爭辯

當我們認爲自己是分離的，另一件我們會做的事情，就是與當下的如是和過去的如是爭辯。這就是令我們受苦的第三種最常見的方式。事實上，如果你想保證受苦，就去和如是爭辯吧！人們經常問我：「你所謂的『如是』是什麼意思？」「如是」就是當下的此時此刻，甚至在你想到它之前，那就是如是。與當下爭辯，你就會受苦。與當下爭辯不可能不受苦，這也同樣適用於過去。若你與過去爭辯，認爲過去發生的不應該如此，那麼你就會受苦。

我了解這聽起來也許過度簡化這件事了，甚至聽起來有些侮辱人。畢竟，多數人都覺得，認爲過去發生的不該發生，這是合情合理的想法。我們都曾有過難過的時刻，也都有過受傷的時刻，甚或被虐待的時刻。我們都曾受到不友善的對待或重創，我們自然而然會去回想這些時刻，然後認爲：「當時不該如此！」「誰跟誰不該那麼做！」這樣的想法和結論似乎正當且合理，因爲我們身邊的每個人都會同意，我們甚至不會去質疑它。事實上，接受過去發生的事顯得既瘋狂又惹人反感。然而，過去發生的事既不好也不壞，它只是過去所是的。所以，當我們與過去所是的爭辯，說：「它不該發生，」我們就會受苦。就是這麼簡單。

我絕不是在建議說我們要否認過去所是的，我不是在說你必須假裝過去的某件事不曾對你造成傷害、不曾令你迷惑，或者不曾對你造成深切的痛苦。我的意思是，當你爭辯、當你說某件已經發生的事不該發生，你就會受苦。無論發生什麼事，它就是已經發生了。無論它是好是壞，它已經發生了。**當下**正在發生的，它就是正在發生的。我們不必稱它為「好」或「壞」。它可能令人痛苦，也可能不會令人痛苦。我們也許喜歡，也許不喜歡。無論此刻正在發生什麼，就是那正在發生的。你若與它爭辯、若說正在發生的不該發生，你就會受苦。

克制自己不去和當下這一刻或過去爭辯，有時會感覺很危險。我們甚至會覺得害怕：「如果我不和現在發生的事爭辯，或許它永遠不會改變。」因為如果我們的心靈和思想是開放的，難免就會看見世上數不清的苦難與衝突。面對這一切、這個真相之際，若不慷慨激昂地說：「這不應該發生！」似乎幾近傲慢無禮。

但是，我們一旦說某件事不該如此，我們便將自己鎖進一個極為狹窄的心態裡，剩下的選擇就變得微乎其微。我們若能真正看見如是僅僅是單純地如其所是，不好也不壞，那麼我們會擁有所有的選擇。我們可以用智慧和愛來回應生命。這不表示我們只會對自己說：「如是就是如此，」然後兩手一攤什麼事都不做。**當我們能夠看見如是並與它同在，**

它其實會啓動創意反應，讓我們以全新的方式看待並參與「如是」，而且這不是基於分離、否認或控制欲，而是源自人心深處的愛、慈悲與智慧。

對過去而言亦是如此。我們若能放下認爲過去某些事不該如此的信念，若在最終眞的能放下，而不是假裝痛苦不曾發生，那麼我們與過去的關係就打開了一個富有創造力的空間。那麼，我們便能夠全然擁抱過去的一切，縱使它是十分痛苦的經驗，因爲，畢竟每一件事都曾幫助我們走到現在這個當下。而當下這一刻，就是我們有能力覺醒、有能力終結痛苦的唯一時刻，這讓當下這一刻比過去曾有過的一切時刻更有價值。這一刻，我們可以終結痛苦，這一刻，我們可以從自己在過去、現在與未來的故事裡醒來。

為了醒來，我們必須認識人的這三種傾向，亦即試圖控制、做出要求、拒絕「如是」這三種傾向，如何助長了生活中的痛苦。我們必須想辦法讓自己眞正想要知道當下這一刻的眞相，而不試圖控制或要求，因爲能讓我們解脫痛苦的是眞相。是眞相讓我們得以從深陷的小我意識狀態中轉換出來，進入一個全然不同的意識狀態，它更加開放、自由，更能夠涵容一切，而且創造力無限。在小我裡，我們的選擇非常有限，而且都已經嘗試過了，小我曾想過的所有解決方案都以失敗告終。如果你懷疑它們是否眞的失敗，可以打開電視看看，讀一讀報紙也好——依然有戰爭、依然有殘酷，世界各地依然有人對彼此不敞開、不以愛相待、不友善。顯然，我們需要一點不一樣的東西。如同我們所見，一再做出同樣的事卻期待不同的結果，眞的是一種瘋狂。而從許多方面來看，這，的確就是我們所生活的世界。

世代之苦的粘稠本質

現在我想介紹另一種苦，一種可能特別難以解除的苦。在我多年的教學過程裡，我發現有一種特別的苦，它非常粘稠、無處不在，而且經常讓人難以擺脫。我稱這種苦為「世代之苦」。世代之苦的概念根據，是我們每個人皆來自一個世代相襲的脈統這一事實，而這可以追溯至我們所能想像的最早時間，甚至回溯至原始人類，也就是我們原始的祖先那裡。其實，我們正是許許多多世代這一長串鎖鏈所形成的產物。每一個家族系統都充滿著無數的美好與良善，而這些系統裡面也同樣攜帶著我們都知道的、所謂的「世代痛苦」。

這是一種在無意識的情況下代代相傳的實質能量。

如果你仔細檢視某個特定的家族系統，會看見痛苦很容易經由家族傳承而延續。例如，特別容易遭受憤怒或憂鬱之苦的父母，很容易生出擁有同樣苦惱的子女，然後這些子女又生出有同樣苦惱的子女，如此代代相傳。世代之苦是非常鬼祟的，它會隨著時間過去而在家族裡逐漸扎根，形成了多數人所經歷之痛苦的核心要素。

關於世代之苦，有件值得注意的有趣事情，亦即它是非關個人的。換句話說，它比較像是感染全家族的一種病毒。一種受苦的方式感染了整個家族，然後幾乎像是流感或感冒一樣，在後世子孫中散播開來。你出生的時候，在你甚至不知情的情況下，你其實已經繼承了這種世代之苦。而你的反應是埋怨、認爲這很可怕，要不然就是抗拒它，但是若你這麼做，你會看見否認或埋怨徒然讓它在你的存在裡沉澱得更深。

當你開始認出這種世代之苦在你生活中的方式、當你看見自己的某種受苦方式和家族其他成員很相似，這會讓你的心靈和思路豁然開啓。有了這個更寬廣的視野，你便能開始放下責怪，並看見那些透過世代的鎖鏈傳遞這份苦給你的人，他們自己也在承受這痛苦，而且完全沒有意識到事情是如何發生的。這份苦自己來到他們身上，然後他們透過行爲將它展現出來，再渾然不覺地將它傳遞給下一代。

在一生當中，我們所攜帶的一些最深切的痛苦與創傷，都是來自這種世代之苦。當人們認同於一種難受的感覺，例如憤怒、沮喪、暴怒、怨恨等，我經常問他們：「這種感覺讓你想起你父母當中的哪一個？母親或父親？」通常，當他們接觸到一些最深刻的情緒創傷時，他們可以立刻告訴我它來自父親或母親。你若能清楚看見這一點，你就能看見，其實你的父親或母親或者叔伯姑姨等，也和你一樣有著這些創傷。他們透過將它表現出來而把它傳遞給了你，和他們的父母傳遞給他們的方式一樣。

最終，這份能量來到了你身上，而你猛然被推上了這份世代之苦的最前線。這份痛苦很容易讓你對他人心生怨懟或責怪，但是當你眞正見到了它的本質，你會看見它是非關個人的，儘管它的種種讓你感覺非常個人，它表現出來的樣子也或許非常個人。然而，這份痛苦、這種受苦本身，其實不是你。它是由某人無意識地傳遞給下一人，由一個世代傳遞至下一個世代的。當然，它傳遞的方式通常極爲痛苦，有時甚至是暴力的，因爲當它在你和你身邊的親人身上表現出來時，你會看起來像是這份痛苦的目標。但是如果你能避免完全迷失在憤怒或怨恨裡（儘管從相對觀點而言，迷失這種情況是可以理解的）、如果你忍住下評斷的衝動一下子，就能看見自己所感受到的痛苦有很大一部分是來自其他家庭成員的痛苦，它並不一定屬於你自己，它不必然要由你自己承擔。

當你感覺到並且能夠認出內在這份深切的痛苦時，請了解，責怪其他家人並非解決之道。當你升起責怪他人的衝動，記住，你世代的家族成員也經歷了同樣的痛苦，而且他們極可能從來沒想過那是世代沿襲的。他們很可能認爲那是他們個人的事，因此，他們唯一的選擇就是將它表現出來。當你開始將這件事視爲一串世代傳承的鎖鏈，而且明白，此時此地，你正是那個有能力意識到它如何運作的人，那麼你就有機會終結它。

解除這種苦的過程雖不盡然輕鬆、有趣，或令人覺得享受，但它確實意味著你可以從根本上對它改變觀點。每當我們對某件痛苦的事變得有意識或更加覺察，通常，這份痛苦會被放大一陣子，這就好像我們剛開始走出一個情緒麻痺的狀態時，因爲直接接觸了那份苦而開始怨恨、責怪他人。然而我們越是向外看、越是怨恨、責怪他人與特定的生活處境，我們就會變得越無意識，也會將痛苦逼進我們身心系統裡的更深處。而它在我們內在埋藏得越深，就越是會轉移至我們的摯親身上，包括我們的孩子、親友、家人等等。雖然過程可能很痛苦，但我們會看見自己擁有一個寶貴的機會，可以透過自身的覺知與直觀的方式，讓它終於結束。

⁂

雖然痛苦可以代代相傳，如同我們看見的，但是它只有在當下透過相信那些分離的想法、怪罪與譴責時，才能在我們的頭腦結構裡延續下去。終結受苦的重點其實是開始去看見頭腦用以維繫痛苦的各種習慣性思考模式。當我們開始了解受苦的根源，了解所有受苦的根據，都是因爲我們以各種方式想像自己是分離的、有別於他人的，我們就能展開覺醒的過程，開始從不快樂變成快樂的。我們也會了解到，儘管我們背負了家族世代沿襲的痛苦、儘管我們一輩子都在與這些導致痛苦的心理結構爲伍，我們其實仍是十分幸運的，因爲我們有能力在現在就終結痛苦，只要我們對它有所覺知就行。

直接面對痛苦經常是相當痛苦的，尤其是當我們第一次直視它的時候。那情況好比你的手或腳因爲血液循環不良而麻痺，然後當血流開始通順的時候，你有一陣子會感到刺痛。當血液回到血管裡，手或腳恢復了活力，你會有種被針扎的刺痛感。那就是覺醒的一部分、從頭腦的夢境裡走出來的一部分。但是，我們必須這麼做，我們必須允許自己經歷這個「解除麻痺」的過程，這個走出頭腦幻覺的過程，這不只是爲了自己，也是爲了讓自己不再因爲無意識的行爲而爲他人帶來痛苦。那麼，我們就能成爲人類痛苦之解答的一部分。只要我們還昏睡在小我裡，我們就不是眞的對自己或他人有所裨益。當我們開始從小我的意識狀態裡醒來，我們受的苦會越來越少，而當我們受的苦越來越少，我們在周遭世界製造的苦也會越來越少。那是我們給予這世界的一份禮物，也是這世界樂於接受的一份禮物。如同我們都希望自己的生命能得到快樂、解脫痛苦，所有眾生也都是如此。我們都有機會終結自己生命裡的苦，並且幫助他人也做到這一點。

3

從小我的催眠裡醒來

如果我們眞的想要處理這整個受苦的問題，以及我們對自由、愛與相互連結的欲求與渴望，我們就必須學習如何看清自己的頭腦。如同我們所見的，當我們開始深入檢視頭腦的本質，以及思考過程本身，我們會看見思考創造出這種分離感與孤立感。透過仔細探詢，我們會發現這個認同過程，也就是受苦的根源，正是從念頭最一開始的結構開始的。念頭是象徵性的，一個念頭不是一個東西，它沒有眞實性，只是抽象的。一個念頭頂多是描述了我們用感官接收到的某件事物。然而，從非常年幼的時候開始，我們就被教導我們**就是**我們所思想的自己，但這上頭還覆蓋了另一層東西，亦即我們通常還會相信自己就是別人所認為的自己。我們從自己的父母、朋友、社團、師長、兄弟姐妹等，從每一個曾評論過我們的人身上獲得了對自己的看法。

這其中的困難之處和問題在於，我們的自我形象經常相互衝突，因爲別人對我們的各種觀點和看法，彼此並不一致。某一刻，我們的自我形象是一個有價值、充滿了愛，而且快樂的人，但是還不到一個小時，我們的自我形象很可能就出現了劇烈的轉變。突然間，我們可能決定自己是個很糟糕的人，只因爲某人批評了我們，對我們說了一些不友善的話，或說他們眞的不再喜歡我們了。我們對自己的看法讓我們非常沒有安全感，因爲它可以變化得這麼快，而且還經常操縱在別人手中。因此，我們會受苦，因爲別人對我們的意見可以如此輕易地激怒我們、讓我們覺得傷心，甚至沮喪。我們的自我感是朝不保夕的，根本不像我們所想像的那麼堅固，而對它產生的困惑是人類痛苦的最大根源之一。要解除人類受苦的兩難困境，就必須更加深入地探究頭腦如何創造出這個不斷變化的自我感。

對許多人而言，自己或許不是我們所想的這個人這種想法，是深具革命性的。這個新發現很自然地會讓我們生起一個更大的問題：我們的頭腦是眞正的我嗎？我們眞的能夠由頭腦裡的思想來認定、描述並且定義我們嗎？我們若能清楚地看看自己的經驗，就會看見至少有兩種現象正在進行：一種是頭腦的活動，包括一刻接著一刻生起的所有描述、自我形象、想法、信念等；而另一種是對於頭腦活動的**覺知**。我們極少去考慮到對於頭腦的覺知，也就是讓頭腦的念頭生起、消失的那個空間。

頭腦有很強大的力量能讓覺知進入催眠狀態，於是，我們很快便迷失在催眠狀態裡。這種催眠狀態正是我們一直稱爲「小我意識」的東西，亦即對我是誰之信念下的產物，是這些信念構成了小我的結構。小我不過是我們對自己的信念、想法與形象，因此，它其實完全是想像出來的東西。

請注意看看，當你入睡時，你的腦袋不再想著自己是誰的時候是什麼情況。當你躺在床上睡覺時，你的信念、想法、意見，以及你所認知的世界會發生什麼事？當你的頭腦在休息，頭腦所想像的一切投射都不存在了。你頭腦所想像的一切在你去睡覺的時候就停止存在了，至少在你開始做夢之前是如此。在深度睡眠的狀態下，你所體驗到的是極大的平靜。我們稱它爲「睡眠」、稱它爲「休息」，它對我們的存活有絕對的重要性。如果我們沒有充足的睡眠，最後一定會變得瘋狂。如果我們睡眠不足、如果我們總是不讓頭腦進入深度的平靜與休息狀態，好讓它可以不再思考，我們甚至會死掉。

這很諷刺，因爲我們總是以爲，如果自己能以某種方式控制頭腦，那麼平靜、休息與自由就唾手可得。**我們以爲，重點完全在於產生正確的思想、正確的想法、正確的信念，然後我們就能找到平靜的鑰匙，然後從此每個人就能和平相處。但是歷史已經清楚顯示，我們的想法無法拯救我們，千百年來、甚至數萬年來皆是如此。**我們的想法並未將我們從己的憤怒、苦澀與暴力中拯救出來，它們並未將我們從戰爭、飢荒與毀滅中拯救出來。如果我們的歷史曾告訴我們任何事，也就是思想的歷史、概念的歷史，那件事就是思想無法拯救人類、思想無法拯救世界，要做到這些事所需要的，是一個甚至和我們所能想像的最偉大想法都截然不同的東西。我們必須做的，反而是從我們自己的頭腦著手，因為如果我們不從自身做起，我們的頭腦會一直將自己投射在我們對生命的看法上，我們也就因此而迷失在另一個夢裡、另一場催眠裡了。

小我的催眠

一旦我們陷入了催眠狀態，便被囚禁在一個機械化的、受制約的頭腦活動裡。每個人都知道深陷這種小我的催眠狀態是什麼樣子：我們會體驗到強烈的挫折感與不滿足。挫折的部分原因是小我對這種潛在的不滿足無能為力，因為小我本身只是機械化的思想活動，它無能展現任何真正的創造力，我們的小我基本上是過去在當下的呈現，我這樣說的意思是，小我本身只是我們的制約在此時此地表達在我們的思想、行為和反應上罷了。在小我的意識狀態裡，我們真的不如自己想像那般擁有那麼多的選擇權和意志力。

在深度的直覺層面，我們對這一點很清楚，因爲如果我們如自己想像般擁有選擇權，我們就會直接選擇快樂與和平，只有瘋子才會做出其他選擇。然而，儘管我們相信自己擁有選擇的力量，生命卻繼續在告訴我們，說我們甚至連頭腦要去哪裡都無法操控、連自己每一天會有什麼感覺都無法堅持，更遑論控制我們的每一個行爲，或身邊每個人的行爲了。我們已經許過多少次下決心改變的新年新希望了？而有多少次我們眞的改變了？更常發生的是，就連自己說想要做的事，我們最後也沒去做。原因不在於我們缺乏意志力，也不在於我們搞不懂怎麼去做這些事，原因在於，**在小我的意識層次，我們並不如自己想像般擁有那麼大的選擇力量，而那是小我意識的催眠狀態裡一件最令人挫折的事**。

百分之九十九的人類，都活在這個小我的意識狀態下，這也正是我們渴望脫離的狀態。雖然我們不清楚它就是我們渴望解脫的東西，我們內在卻都深深銘記著一種欲望，渴望不再受到束縛或限制。我們都擁有這種天生的欲望——想要成爲自由的、充滿創造力與愛的、敞開與慈悲的，然而，當我們困在了小我的意識狀態裡、這種小我的催眠裡，我們的選擇其實非常有限。

變調的思想

小我意識不只是一種心理現象，小我也緊緊牽動著情緒、感覺，以及一種伴隨著小我催眠而來的、大體上的能量特質。我們思考的內容會製造出情緒與感覺體驗，就某方面而言，我們的肉體與情緒體等於是我們思想的複印機。換句話說，我們的身體會將思想轉變為情緒和感覺，這幾乎像是將水轉變為酒那樣，身體竟然能當作思想的複印機，這著實是個煉金術般的奇蹟。在一方面，有著思考的內容；然後在我們的身體裡從脖子以下的地方，思考皆化為感覺、情緒和感受而生起。我的意思不是所有的情緒或所有的感覺都是來自思想，但它們或許有百分之九十的確是源自思想。

我們不單是被教育要認同於思想內容，也被教育要認同於特定的情緒環境。每個人都有一個覺得能夠做自己的內在環境，但那不一定是某種特別正面的感覺，有些人就會與非常濃稠、沉重的痛苦認同，當他們去感受那種沉重的受苦狀態時，他們覺得自己最像自己。每個人都有他們獨一無二的情緒環境，有點像是一種情緒的北極。我們不單是被教育要與思考內容認同，我們也被教育要與感覺認同。我們被教育要以一個人最常見的情緒狀態來認識他。我們平時經常會說的話是：「我生氣了，」「我很難過，」或者「他是個愛生氣的人，」或者「她總是看起來很傷心。」由於相信這些關於自己或他人的事，我們眞的進入了一種被每一個感覺、每一個情緒所催眠的狀態。

受苦的漩渦

這種恍惚的、受到催眠的特質，正是小我意識狀態的正字標記。數千年來，來自各個傳承的偉大靈性導師都已領悟了這一點，並且針對這個狀況給予了我們許多深奧的教誨。他們以不同方式指出這種小我的意識狀態是一個夢，一種並非眞正存在、只存在於想像中的東西。佛陀稱它爲**輪迴**，他將它比喻爲一個頭腦的轉輪，我們一旦與輪子裡的任何一個念頭認同，或者與任何形象和想法認同，這份認同感立刻將我們拖進這受苦的循環模式裡。

我喜歡用另一個詞來稱呼佛陀所謂的「受苦之輪」，對我來說，它像是一個漩渦，我們一旦靠近這種能量模式、一旦買了它的帳，就被牢牢捉住了。這種漩渦有它自己的重力，它是以潛藏的模式存在的。這份重力的力量並非總是表現於外，也就是我們並非總是身陷悲傷、痛苦或憤怒裡，但是讓漩渦上升並抓住我們的潛在力量非常強大。我們被吸入漩渦的最常見方式即是透過情緒反應，例如憤怒、貪婪、憎恨、防衛，以及控制欲等。這些特質是情緒生活的各個面向，它們就是將我們拉進受苦漩渦的東西。

最能清楚表現出此一漩渦如何運作的，就在我們的關係領域裡。我們存在於一個持續不斷的關係世界裡，你的任何所見之處、所到之處，都是關係。你所生起的每一種感覺，其實也涉及了關係：身體與環境、頭腦與意識、外在世界與內在世界，以及你當下的心跳與肺部的一呼一吸等之間的各種關係，這就是關係世界。當然，我們也與他人有關係，而那就是我們最容易被拉進這個不幸與痛苦漩渦的地方，因爲一旦我們開始相信造成我們憤怒、貪婪、挫折、或失控的念頭，我們便會被拉進有催眠作用的不幸與痛苦漩渦。當我們置身關係裡，兩人雙雙被拉進了這個漩渦時，衝突與誤解的循環確實會被強化，需要捍衛自己與控制、責怪對方的需求也增加了。這是一個非常難以打破的堅固循環，關鍵是必須仔細檢視自己的經驗，並且認出是哪些思想將你拖進了痛苦、哪些信念讓你進入了衝突。

關於這個受苦的漩渦，有幾件重要的事必須了解。再說明一次，我之所以使用「漩渦」一詞，是因爲我們頭腦的催眠和能量的迴旋軌跡非常類似。它就像一部能量吸塵器，能迅速地將你的意識吸入。在每一個時刻，這個漩渦都暗中潛伏著，等待著隨時升起、將你拖進去，而餵養這個漩渦的是強烈飽滿的情緒反應，例如憤怒、驕傲、恐懼，以及小我想要控制、想要操弄權力、做出要求的欲望。這些都是潛藏在我們的小我結構內的能量，而一旦我們相信了它們，或接受了其誘惑特質，我們會立刻發現自己已經被吸進漩渦裡了。

小我的意識狀態幾乎全是由這個漩渦所組成的，因此，你在周圍到處都可見到它的展現。如果你聆聽人們的互動狀況，他們被吸進漩渦的那一瞬間，你會聽見他們開始怪罪、指責，或試圖控制彼此，或者是表現在稍微細微一些的地方，例如他們會試圖輕聲地以自己的觀點去說服對方。一個人若被吸進漩渦裡，也可能接著會進入一種退縮、受害者心態或者貧乏狀態。重要的是必須要了解，從小我的意識狀態而言，許多將我們拖進漩渦的特質，正是小我覺得非常寶貴的頭腦與情緒特質。多數的小我會認爲控制他人、控制環境，當然還有控制自己的生活十分重要。**很顯然地，一個人會想要對自己的經驗有一定程度的掌控，然而諷刺的是，你越是想要控制生命與他人，就越是覺得失控。這種失控的感覺事實上正是痛苦漩渦的迴旋能量本身。**你陷入其中，而一旦你陷入其中，你通常會更想要抓取更多的控制，以作爲脫身的手段，但這麼做只會讓自己越陷越深。

記住，**你可以獨自一人時**、**沉浸在一己的思想念頭時陷入這漩渦，也可以在關係裡被捲入漩渦**。我們學習到的多數東西、我們所學到的多數關係相處模式，正是那些將我們拉進漩渦的頭腦與情緒特質。我們花了一輩子的時間聆聽人們說服彼此自己是對的，我們看見人們利用憤怒、權力與控制來操控他人，我們也看見有時候，這種操控方式在表面上似乎很管用。當然，無論我們透過權力、操控與控制獲取了些什麼，最終都會讓我們的內心受苦、覺得無力，並且渴望擁有更多的控制。

你自己的頭腦就是開始之處

有一些辦法能讓你避免被吸入痛苦與不幸的漩渦——而且是在任何時候，無論你是獨自一人或處於關係裡，你都有機會避開那漩渦。你的頭腦永遠是最好的開始之處，如果我們不先處理並且了解頭腦如何將我們拉進漩渦裡，就會很容易身陷其中、被吸進受苦狀態裡。即使一切事情都如我們所希望的發展，最終一切都將會起變化。在某種程度上，儘管事情似乎一切都很順利，但它總會找到某個理由開始退縮。

小我總是將我們帶回痛苦的一個奇怪理由是，我們的小我其實必須對如是維持某種程度的抗拒，否則，我們的分離感會開始消融，我們會從頭轉移到心，也會從一個自以爲是的地方進入心中一塊非常柔軟的地方。從小我的觀點而言，維持一定程度的衝突非常重要，那就是爲什麼當我們看著周遭世界，會在人群中看見那麼多衝突的原因。不是因爲衝突無可避免，而是因爲只要我們仍困在小我的意識狀態裡，我們便極容易被拉進痛苦的漩渦，小我需要漩渦來維持它的自我感，它才能存活。當你觀看頭腦，你會發現它總是試圖讓自己保持分離，它是個製造分別的專家，而且總是會找到某種方式卯盡全力與某事或某人對抗、競爭。而我們陷入催眠越深，就越不可能認爲自己或許陷在催眠裡，小我在這方面是非常聰明的。這就是人類數千年來所面臨的兩難困境：集體陷入小我的催眠狀態，因此容易被吸入這種不幸與受苦的漩渦。

從小我的催眠狀態醒來，以及從痛苦漩渦脫離的機會，歷史上一直都只是選擇性地保留給少數人。過去，僅有非常少數的人能夠深觀自己和自己的頭腦。這些人是過去偉大的神祕家與上師，那些受到深切的召喚要超越小我意識狀態的人。他們感受到了多數人陷入的小我狀態裡本具的痛苦，而基於某些理由，他們不得不提起足夠的力量與動力來超越它，而且眞的成功了。今天，這份同樣的邀請、同樣的需求正在對我們提出呼喚，它已不再只是保留給神祕家與少數人的專利了，因爲我們集體的生存，將仰賴我們的意識從這個分離與孤立的夢境覺醒。

覺醒的平凡本質

旅行各地時，我遇見了和你我一樣的人，非常平凡的人，他們受到召喚去探索心靈與頭腦的本質，只爲了要找到一種適切的方式來回應我們所有人都體驗到的困惑與痛苦。他們受到召喚的情況，和過去神祕家受到召喚的情況一模一樣，即使他們不是僧侶、聖人或棄俗的出家人，他們也感受到並表達出非常眞實、渴望蛻變的靈性渴求。他們過著一般的、平凡的生活，也要上班、養育孩子等，而我發現的是，有越來越多人眞的開始從這種小我的意識狀態覺醒了，從這種因爲執著於一己信念、意見與想法而構成的痛苦狀態覺醒了。

放下想法、信念與意見的可能性一旦出現，將會引發許多抗拒和恐懼，幾乎對每一個人而言皆是如此。這其實是個巨大的威脅：沒有了我的信念，我會是誰呢？如果我不執著於自己的意見，我會是誰呢？如果我不在他人身上，或外在環境中尋找爲我帶來自己所渴望的快樂與自由，那我會是誰呢？如果我落入了自己意識的中心，我會是誰呢？如果我落入自己的內心，不再當一個理想的、我想像中的人，而是在最深層次允許任何事情發生，那麼我會是誰呢？

無論是過去或今天，人們總認爲靈性覺醒只有極少數人有能力辦到，而且從受苦獲得自由解脫也是極其困難的，然而靈性覺醒只不過是從小我的意識狀態醒過來罷了。這些認為它很困難、很稀有的想法，畢竟只是頭腦裡的信念，而這或許也是何以只有如此少數的人會展開蛻變一己意識之旅的原因。如果我們仔細觀察，就能看見這些關於靈性覺醒有多麼稀有、認為只有靈性人士才能眞正覺醒的思想，只不過是頭腦所抱持的信念罷了。蛻變與覺醒是人人可得的。如果我們執著並且認同於我們不可能覺醒的想法，那麼我們實際上是斷絕了它的可能性。

一旦我們開始轉化我們對自己的概念，便能脫離舊有的方式，一道通往眞實自我的大門也就此開啓了。我們對快樂與自由都擁有一份天生的渴望，在內心深處，沒有人想要受苦。而當我們的心打開，有件事也會變得很清楚，那就是也沒有人想要造成任何人受苦。

小我對痛苦與掙扎的上癮

記住，別搞錯這件事：小我對痛苦是上癮的，對掙扎也是上癮的。事實上，小我在某些方面傾向於透過痛苦與掙扎彼此連結。若你和某人交談，無論是朋友或陌生人，當他們告訴你生命中最美妙、最精彩的事情時，你可能會感興趣，你可能會聆聽，甚或與他們一起慶祝。但是如果你和大多數人一樣，當那同一個人告訴你他生命中最糟糕、最慘痛的一件事時，你甚至會更加聚精會神地聆聽，好似你被拉進那人的內在世界。它很有力地說出了一件事：小我很容易與痛苦產生連結，而不是與快樂。

我的意思不是說在小我的意識狀態裡完全沒有快樂，當然，即使在這種狀態裡，我們還是能夠並且確實體驗到一些快樂、喜悅以及相對平靜的時刻。因此，若說陷入小我的想像是件百分之百的壞事，亦不盡正確。如果它是百分之百壞的，那麼沒有人會長期身陷其中。這件事所帶來的一部分挑戰是，被自己的小我所引導的經驗，是好壞**兼具**的。有些時候，你對生活抱著完全接受的態度，而有些時候，你對生活是充滿抗拒的。這接受與拒絕、一推與一拉、「我愛」與「我恨」的來回拉扯，正是讓我們的意識陷入小我狀態的原因，也是讓我們如此容易被捲入痛苦漩渦的原因。

然而，我們內在都潛藏著覺醒的種子，這覺醒不需要你完全脫離頭腦，甚或不需要完全脫離你的小我。需要擺脫什麼東西這種想法，本身就是屬於頭腦、屬於小我的，因爲頭腦和小我會分割生命，而我所談論的東西完全非關分裂。你只是單純地受邀從催眠裡醒來而已。你越是能夠不去推開頭腦，就越容易從它醒過來。對頭腦、對自己的痛苦感到挫折這種衝突，正是讓你的頭腦受限於狹隘觀點的原因。你爲何身陷衝突的原因並不重要、你在否認什麼並不重要、你的內心掙扎著要改變什麼並不重要。單單是你正在掙扎這一事實，就足以保證你的意識無法從它的受限狀態裡醒來。

放下你與如是的爭辯

有時候，當事情已經變得夠糟、當痛苦已變得夠深切或夠強烈時，整個小我的輪子會停止轉動。這時，去認同你腦袋裡那受制約的思想，以及與那些思想有關的慢性痛苦反應，已經是一件太過痛苦的事了。而當那漩渦停止，你置身於最深悲傷的中央、最深折磨與痛苦的中央，有一道曙光或許會來到你身上。那時候，你或許會感受到一種平靜與自由的感覺，它會告訴你，說沒有什麼眞的需要改變。你不必掙扎著與自己對抗，相反地，你所需要做的一切就是願意去質疑頭腦所下的結論、願意單純地放鬆。你不必努力改變現況，只要讓現在如是存在就好，儘管你的頭腦可能會搬出各種理由來抗拒這件事，但是，無論如何你都要試一試！

倘若你放下與如是的爭辯，會發生什麼事？無論你有什麼感覺，無論你覺得好或覺得焦慮、覺得快樂或悲傷、衝突或自由——就讓它這樣吧！做個實驗，看看停止與自己的衝突時會發生什麼事。若你能放下衝突，即便是片刻也好，自然會有一種停止發生。當你不和自己衝突的那一刻、當你願意不再對抗任何事的那一刻，你將完全進入現在、進入當下這一刻。你會開始感覺到一種平靜與靜定，一種深深的內在寧靜。在那一刻，你會體驗到意識一個截然不同的領域，一種超越小我及其活動的領域。

許多人認爲，這種平靜、靜定、幸福的意識領域是費盡千辛萬苦才能獲得的東西，因此它非常遙遠，你必須以某種方式贏取它。然而，所有這些結論只是頭腦裡的更多思想罷了，所有的其他想法亦是如此，你都可以選擇不去執著於它們。你可以敞開迎接一種存在狀態，在那種狀態下，你沒有結論、你的頭腦敞開大門、你的意識非常放鬆，你可以接觸到意識的一個全新領域，一個眞正寧靜的意識。這是單純地「在」、單純地**作爲**那意識並從中行動的一份邀約。一旦你嘗到了靜定之境，小我將與之形成強烈的對比，痛苦的漩渦也將因此更容易被觀察到。你或許會有幾個片刻進入無意識，你或許無法一直看見小我試圖以各種思想劫持你，但是儘管如此，你若能有片刻停下來，然後看見那模式，那麼有一個縫隙會打開。**儘管你置身於衝突的中央，那仍是通往不同可能性的一扇門，那是一個讓你體驗長久渴望的寧靜與快樂的可能性。**

在最艱難的時刻發現自由

我二十多歲的時候，養了一條漂亮的狗。我相信你們有些人也有過自己深愛的寵物吧！我的狗棒極了，牠是我不變的好夥伴，總是跟著我到處跑，無論我走到哪個房間，牠總是跟在我後頭。無論我開車上哪兒去，牠也總是陪伴著我。我們幾乎無時無刻不在一起。後來，牠罹患了一種癲癇症，我帶牠去看獸醫。獸醫嘗試藥物治療，但是用藥劑量的多寡與時機是一門不好拿捏的學問。我們開始爲牠進行治療的幾個星期之後，有天我回到家，剛好看見牠癲癇發作了，而且一直無法停下來。牠的病症不斷發作，卻無藥可救。最後，牠終於必須結束生命。那是我生命中最悲傷的時刻之一，在那之前，我也曾度過一些哀傷時刻。我曾經歷祖父母過世、朋友過世，有時是與我很親近的人過世，但是從來沒有像我失去這個很棒的夥伴那樣，對我產生如此深的影響。我陷入了深沉的哀傷裡，那是一種我無法理解的哀傷，因爲我從未有過這樣的經驗。

在一個午後，幾位朋友、家人和我到後院向牠送上最後的道別。我帶了狗狗的項圈與牠的一些東西，把它們放在一個盒子裡。我事先寫好了一篇想要說的悼文，當我開始誦讀這篇悼文時，我開始啜泣，眼淚瞬間嘩啦嘩啦地湧出我的眼睛。有一度，那份哀傷是如此巨大，我因而決定讓自己徹底沉浸其中。我完全放手，讓自己徹底落入這口悲傷與哀痛的巨大深井當中。我哭了又哭，同時繼續勉力將悼文讀完。然後，發生了一件非常奧妙的事情，完全出乎我的意料之外：就在這份巨大的悲傷與哀痛裡、就在我胸口的心的位置，出現了一個針孔般細小的亮光，而就在這個細小的亮光中間，有一抹微笑。我幾乎可以實際在我的心裡看見這個針孔般的小亮光。

它剛開始出現的時候，只是那廣闊無邊的悲傷與哀愁當中的一小點，但是隨著我不斷哭泣、不斷誦讀著悼文，這個幸福的小光點竟開始擴大。幾分鐘之後，這個幸福的小光點已經迅速長大，變得廣大無邊了，這著實是一個非常奇怪、充滿矛盾的經驗。一方面，我深陷在悲傷與哀愁的狀態裡，但與此同時，卻體驗到一種我生命中從未經歷過的、巨大的幸福與平靜感受。

這是我曾有過的其中一個最深刻的體驗。它顯示予我的是：即使處於最深的黑暗、最哀痛的喪親、悲傷和憂鬱裡，如果我們能眞正敞開去迎接那些艱熬的感受、眞正放掉我們的抗拒，完全不再試圖控制那些痛苦的經驗，並且允許它們如是存在，讓它們要有多猛烈就多猛烈，我們就能發現一定程度的幸福與平靜。當我們徹底放手、當我們眞的決定不再掙扎時，平靜與幸福就能夠升起。

我已經說過這個故事許多遍了，也有許多和我有類似經驗的人寫信和卡片給我。我曾收過一封信，是寄自一位沉浸在深度憂鬱裡數十載的人，有一天，她決定停止——停止掙扎、停止推開它，也停止耽溺其中、停止餵養它，就純粹只是停止。在那停下來的片刻，一個完全意料之外的東西誕生：相反的出現了。儘管那份憂鬱如此深沉，但是當她全然與它相會時，卻有一種幸福平靜的感受生起。情況並非憂鬱不見了、永遠消失了，而是它開始同時存在於一個全然平靜的場域之內。當憂鬱存在於一個平靜的狀態內，一個人便不再覺得難以負荷了。隨著時間過去，至少對這個人來說，憂鬱開始衰退，好似憂鬱向什麼東西投降了，它已經可以放手進入平靜裡。

這種在艱困時刻發現平靜的現象，並不是多數人都體驗過的，因為人們不曾真正去停止抓取或推開某種思想或感覺。假如你能全然臣服於情緒或思想，你將會看見那份邀請，亦即從一己想法與你所認同的一切情緒環境裡覺醒的邀請。有一個方法能讓你真正停下來。眞相是，一個全新的意識狀態早已經存在，你現在所展現的任何一部分經驗，已經包含在全然的靜定、全然的放鬆當中了。因此，並不是眞的有什麼地方要去，或有什麼東西要尋找。掙扎只會讓我們在試圖逃避的那件事情裡陷得更深。關於小我意識，有件非常重要的事必須要知道：我們越是奮力想要逃脫，反而讓自己陷得越深。

這份邀請很簡單：放下對頭腦的耽溺，了解到它無法給你答案，也無法給我們全體人類答案。我們可以一同開始讓我們每一個人內在的瘋狂停下來。了解我們自己那深奧的、最核心的本質並找到其中的平靜與快樂，這並非只是爲了我們自己，而是一份給予全人類的禮物。因爲，當我們開始表達出每一個人的潛能，就是爲我們每一個人內在最核心的良善盡了一份力。若我們能從靜定之境、從一個先於頭腦的地方與自己連結，那麼我們便能從那同樣的地方與彼此連結。剛開始，要在與他人連結的同時不被拉進小我的頭腦裡、拉回小我意識，甚或拉進痛苦的漩渦裡，似乎是件困難的事，但是如果你堅守這樣的意圖，它就會開始發生，或許一下子就全部發生，也或許會一點一滴地發生。

在此，沒有什麼東西要學習，覺醒其實是個解除學習的過程。重要的是我們從哪裡行動、從哪裡與彼此連結。**當我們出於自己眞實的靈性本質與彼此連結，那麼連結的品質就會獲得轉化。那麼，我們對彼此所說的話將會散發出全然不同的感覺。只有在那個時候，我們才能成爲寧靜的一種表達，而非分裂世界裡瘋狂的表達**。這個啓示必須從認識自己並非頭腦、自己並非你的小我或你的性格作爲開始。事實上，你是某種更爲廣闊的東西。

4
放下掙扎

既然陷入小我的意識狀態在究竟上是所有痛苦的根源，我們有必要開始轉變我們的意識。我們必須對自己的自然狀態，也就是眞正的我們覺醒過來，而要達成這一點，在覺醒自然萌芽的地方打好地基就成了一件非常重要的事。

首先，我們必須看見，我們正常的小我意識狀態是一個我們經常掙扎的狀態。在此我指的不一定是那些衝擊極大的激烈掙扎，也就是生命中那些強烈痛苦的時刻，當然我指的也包括這些。我指的是那些更細微的掙扎。然而，你不能直接叫某人不要掙扎，你不能就只是說：「ＯＫ，掙扎是你的一個大問題，所以你就只要放下掙扎就好。」當我們看見自己在掙扎之後，下一步必須去理解我們**爲什麼**要掙扎、我們爲什麼要與如是對抗。因爲，畢竟那是掙扎的立基之處——與如是的現在、或者過去所是、或者未來可能所是的對抗。

我們掙扎時，會在經驗裡製造出一種對小我的意識狀態十分重要的東西：緊縮。「緊縮」純粹是一種窄化。如果你在身體感到緊縮，無論是在胃部、心臟甚或頭部，你都會體驗到一種窄化、擠壓的感覺。當我們是緊縮的，我們其實已經被拔出整體之外、拔出一種完整感之外，而進入一種渺小或分離的感覺。

要維持在小我的意識狀態，掙扎是必要的，那就是爲什麼當你看著周圍的世界，會見到那麼多掙扎的原因。我們透過掙扎維持小我狀態的原因，是因爲它讓我們在過生活時，彷彿自己擁有控制權，而且與周遭世界分離。儘管最終證明這樣的狀態完全無法令人滿足，它卻提供了一定程度的安慰與安全感，而且它讓我們能停留於所知，不必冒太大的險踏入未知的領域。

因此，在各個層面都有掙扎。無論是在工作場合、政治事務、家庭，甚或友誼裡，經常都有一些掙扎的元素存在。掙扎就是我們對抗某事的那種感覺、那種緊張。它指的可能是與一個人、一個機構作對的情況，或者經常是與我們自己內在作對的情況，其中一部分的我們努力與另一部分的我們對抗。那種掙扎是努力成爲我們所期望的自己。我們一旦在頭腦裡出現那樣的分裂現象，便會開始掙扎，而我們一開始掙扎，意識就很難從小我狀態轉換出來，進入一種更自然、更廣闊而完整的狀態。

這種自然與廣闊的狀態其實只是「靈性」（spirit）的另一個字。雖然這個字涵義很豐富，也被用在各種不同地方，但它主要是指我們所有人都可能達成的一種廣闊無邊的意識狀態。究竟，靈性是什麼呢？它不是什麼你可以見到的東西、不是你可以抓取的東西、也不是你可以碰觸的東西。另一個描述靈性的方式是將它視爲一種「覺醒的無物」（awake nothing）。我特別喜歡的一個來自《聖經》的詞是「聖靈」（Holy Ghost），因爲對我來說，靈性就像是幽靈，不是因爲它很恐怖，而是因爲它是看不見、抓不著、沒有明確輪廓的東西。幽靈是一個並非眞正存在的存在體，而靈性就像那樣——一個覺醒的無物，一個覺醒的廣闊意識。相反地，小我的意識狀態只不過是窄化了的靈性，是這份廣闊無邊的緊縮狀態。當靈性意識變得緊縮或窄化，它終會開始感受到分離。

我們窄化意識的方式是透過掙扎、透過奮鬥。我們都希望的，也對我們其實最自然的，是敞開、平靜、愛與幸福安康。這些品質完全是靈性的自然特質，它們會在我們意識到自己的靈性本質、意識到我們既非分離也非某某人的本質時生起，然後，愛就會自然而然流動起來。

我還記得自己開始渴望眞理、渴望終結掙扎、渴望感到完整而圓滿時的情景。對我而言，我一再回顧的問題是：「什麼是眞的？什麼是眞實？」不知何故，我直覺認為，如果我能發現何謂眞的、何謂眞實，就能在生命中找到清楚與自由。眞相能讓我的心敞開，獲得自由解脫。然而，儘管我是在追尋那份敞開與自由，我追尋的方式卻是透過掙扎。我當時不知道自己在掙扎，但情況確實如此。我所遇見過的多數追尋快樂、自由或解脫的人，其實都透過一種在無意識當中掙扎的方式在追尋。當我覺知到這份渴望自由的欲求、當我在內在更加意識到它時，我開始花更多時間安靜地打坐。當時，我讀了很多關於自由與解脫的書，它們似乎都在說著同樣的事：「你需要安靜。你需要將頭腦安靜下來，因為如果你不讓頭腦安靜下來，你就無法看見超越它之外的事。」因此，我花了無數小時默默地靜坐，試圖讓我的頭腦平靜下來。問題是，這種嘗試涉及了大量的努力。我花了許多年的時間，掙扎著要超越頭腦。

我想這其實很常見，不只在人們經常靜心的靈性圈子裡很常見，在日常生活也很常見。許多人努力要讓頭腦安靜下來，或讓情緒平靜下來，而在努力這麼做的過程中，內在卻有緊張、有掙扎。這是非常令人挫折的一件事，因為我們都如此渴望完整與自由的感覺，卻試圖透過改變自己、透過掙扎著改變眞正的我們與如是的我們來辦到。但是，掙扎的作用剛好相反，它阻礙了我們從小我意識狀態覺醒的道路。因此，我們該如何停止掙扎呢？

我們該如何找到讓自己不再與自己抗爭的內在平靜?

人們通常相信,這樣子的放下是個複雜的過程,我們必須了解某些特殊知識或資訊才能辦到,而且一定要有一個循序開展的過程、必須在我們內在發生的過程。但是其實,停止掙扎比那容易多了。它比那清楚、明顯得多,所以我們才沒有注意到它。真相就隱藏在我們的眼前,它在我們一切的所見之處,但卻很難看見,因爲我們眞的看得不夠清楚。雖然不掙扎看似很困難,其實不然,它之所以看似困難,是因爲我們的自我感、我們那「小小的我」,在努力嘗試不掙扎,而只要我們仍以一個自我感之姿努力不掙扎,那個努力的意圖就已經在我們內在造成了緊張,造成一種心理與情緒上的緊繃。

放鬆並放下掙扎這件事,不是小我能做的,而我們卻經常讓小我參與這件事,讓它努力地讓放下發生。甚至,說「放下掙扎」也不完全正確。你所要做的一切,就是開始去注意你內在那個不掙扎的地方,而這麼做意味著其實沒有讓你抱著希望的未來。事實上,「未來」這個概念是我們對眞實本性覺醒過來的障礙之一。那是因爲,未來一直讓我們去看那些不是現在正在發生的事。如果你問自己:「在我試圖停止掙扎之前,在我試圖放鬆並找到平靜之前,平靜就已經在那裡了嗎?」那麼,就只要保持安靜幾分鐘,然後傾聽就好了。我們都會假設自己在尋找的東西並非早已存在。當然,那就是我們爲何尋找它的原因:因爲我們相信平靜、快樂與自由並非已經在這裡、現在就在我們所在之處。因爲假設我們所尋找的，也就是某種完滿的狀態，現在不在這裡，正是導致我們開始尋找它、開始追尋的原因。

踩在自己的一雙鞋裡

眞正的找尋不是往明天的方向，或任何有別於當下的地方找尋，而是開始深入探索當下這一刻的本質。爲了做到這一點，你必須「踩在自己的一雙鞋裡」，我的老師以前總是這麼形容的。她所謂的「踩在自己的一雙鞋裡」，意思是你必須清楚地探察自己的經驗。莫要再試圖擁有他人的經驗，莫要再追逐自由或快樂，甚或追逐靈性開悟。踩在自己的鞋子裡，然後仔細檢查：此時、此地，正在發生什麼事？是否可能放下試圖讓什麼事發生的努力？即使是這一刻可能也有一些痛苦，但我們能不能不要推開它、不再試圖擺脫它或讓自己跑到其他地方？

我了解我們的本能是離開不舒服的東西、努力到一個更好的地方，但如同我的老師以前常說的：「你必須向後退，而不是向前進。」向前進總是往前移動、總是試圖獲得你想要的東西，無論那是物質財產或內在平靜都好。向前進令人感到十分熟悉：找尋再找尋、奮鬥再奮鬥，總是在尋找平靜，總是在尋找快樂、尋找愛。向後退表示你只要回頭就好，反轉整個從外在尋求滿足的過程，然後看看你當下立足的地方。看看你正在找的東西是否已經存在於你的經驗裡。

所以，回過頭來說，要爲覺醒打好地基，首先必須放下掙扎。**藉由認知到掙扎的結束其實當下已存在於你的經驗裡，你便得以放下**。掙扎的結束就是平靜。儘管你的小我在掙扎，儘管你正試圖搞清楚怎麼「做對」，如果你眞正去看，你可能就會看見掙扎其實是發生在一個更廣大的平靜背景之內、在一份內在的定境之內。但是，如果你試圖促使定境發生，你將會錯失它。如果你試圖讓平靜發生，你也會錯失它。這比較像是一個認出的過程，認出那本然已經存在的靜定之境。

我們不是要終結掙扎，我們不是要努力**不再**掙扎，我們只是要去留意到，意識有全然不同的另一個面向，它在當下這一刻是不掙扎的、不憎恨的、不試圖到某個地方的。你可以在你的身體裡眞切地感受到它。你無法以思考讓自己變得不掙扎，並沒有一個三步驟計畫來告訴你如何不掙扎。那其實是只有一個步驟的計畫：認知到平靜，也就是掙扎的結束，其實早已經存在。

因此，這是個認出的過程。我們認出了當下已經有平靜，即使你的頭腦是困惑的。你可能會看見，即使當你現在接觸到平靜，頭腦也會因爲受到強大的制約而離開它，而且它會試圖與平靜存在你內在這個基本事實爭辯：「我還無法獲得平靜，因爲我還沒做這個、做那個，或這個問題尙未有答案、那個問題尙未有答案，或者某某人還沒向我道歉。」有太多千奇百怪的方法讓小我的頭腦堅持說某些事必須要發生、某些事情必須要改變，你才能處於平靜之中。但是，這就是頭腦的夢境的一部分。我們都受到教育說，我們必須改變些什麼，才能體驗到眞正的平靜與自由。

只要花一下子的時間想像這不是眞的。雖然你可能相信它是眞的，但只要想像一下：如果你不需要掙扎、如果你不需要努力，就能夠找到平靜與快樂，那會是什麼樣子？現在，那感覺起來如何？只要花一下子的時間保持安靜，然後看看平靜與靜定此刻是否與你同在。

什麼是我們百分百確定知道的？

我們掙扎的另一個方式是透過不斷地需要知道。我們想要知道：「爲什麼這樣？」還有「爲什麼那樣？」然後如何做這個、如何做那個。如此一來，頭腦就好比一部電源無限供應的機器，它總是、總是、總是想要知道。就許多方面而言，頭腦的這個特質其實很自然，有時候甚至是我們求生存的關鍵。頭腦會尋求並且擁有能幫助我們完成實用任務的知識，這沒有關係。那就是我們爲什麼要上學、要學習各種事物的原因，因爲那能讓我們追求職業生涯，在我們所創造的這個世界順利運作。有許多知識都相當有用，但是說到我們的意識狀態、說到尋找平靜與快樂，我們就必須放下知識。我們必須放下想要知道的努力，因爲，事實上，我們並不知道。

做個實驗，問問自己這個問題：「我確定知道什麼？」不是「我百分之九十九確定知道什麼？」而是「我完完全全確定知道什麼？」提出這個問題，然後眞心地看著有什麼東西會生起。首先，你所有的思想會浮現——所有的意見、信念、一切你學過的東西，以及你自認知道的東西，因爲我們眞的認爲自己知道一大堆事情。然而，我們所有的知識並無法防止我們受苦，無論是個人或集體而言皆是如此。但是，我們不斷回頭想要知道更多、想要使用頭腦來理解人類這個受苦與尋找自由的兩難困境。我們是否夠誠實，能直接探察一己頭腦的本質，然後問：「我們眞的知道些什麼？」

頭腦的一切所知，如同我稍早提過的，都是象徵性的，也就是說我們所擁有的每一個思想，純粹是某個事物的象徵。無論是一個例如「書」或「樹」或「鞋」或「衫」的字，這些全是指向其他東西的象徵。當然，我們的一些思想不做這類的事，它們指向的是其他思想——思考著思想。

沒有所謂真實的想法這種事

要結束掙扎，部分重點是要看見我們並非眞的知道我們自認知道的大多數事情。這確實是跨出了一大步。我說「一大步」，不代表它很困難，而是指我們的意識對於如何理解這個世界的方式出現了一個大轉變。我還記得這個轉變發生在我身上時的情景。當時，我和父親一起在一家機械行工作，工作結束下班時，我正走向停車場的車子。好玩的是，我當時並沒有特別在想任何事，但是我的腦袋猛然出現這樣的想法：沒有所謂眞實的想法這種事。

不過，這樣的觀察並不僅僅是一個出現在我腦袋裡的想法，而比較像是我所謂的「洞見」。一個眞實的洞見並非只是頭腦生起的一個念頭，一個眞實的洞見是某種你以整個身體去理解並領會的東西。那就是爲什麼每當你出現一個洞見，你經常會說：「啊哈！」它是那個「啊哈！」它是你身體的反應。當你只是出現一個普通想法，你不會有「啊哈！」的感覺。一個平常的、時時都有的想法其實是與身體脫節的。洞見則相反，它是以我們一己存在的全部去深深地了解。那是一個獲得啓示的美妙時刻，一個結合知性、情感與身體動覺（kinesthetic）層次的體驗。

所以，這份了知突然傳遞給了我：「哦，我的天哪！沒有所謂眞實的想法這種事！」多麼震驚啊！我不得不立刻宣告：「我得好好想想這件事！」確實，這是個怪異的反應，沒有所謂眞實的想法這件事，似乎太非理性、太不合理了。這怎麼可能？然而當我開始探究這個洞見，我看見想法是事物的象徵，它們不是那些事物本身，它們是事物的描述部分。我開始看見一個眞相，也就是想法本身並沒有任何眞實性，換句話說，一個在心理形成的結論並不是眞相。這是一件非常具有革命性的事。當時，看見我的想法沒有一個是眞實的，對我而言也顯得相當具有革命性。我眞的是指**看見**，因爲了悟或啓示具有**看**的特質——你一下子突然看見了。那就是「啊哈！」「沒有所謂眞實的想法這種事。」多麼驚人！

有些想法是有用的，有些似乎非常沒用，但是無論一個想法有用或沒用、重要不重要、聰明不聰明，依然沒有一個想法是究竟眞實的。如果你看見沒有任何想法是究竟眞實的，那麼你就可以不再仰賴頭腦來告訴你何謂眞實。那麼，我們要仰賴什麼？如果我不從頭腦裡找到眞實，那麼要從哪裡去找？如果我不再問我的想法何謂眞實，那麼我要向誰去問這個問題？如果我不去思考關於何謂眞實這件事，又怎麼能發現它？

任何一個大呼「啊哈！」或啓示降臨的美好時刻來臨時，一切都將暫時停止。有一瞬間，它震撼了你。在我領悟到沒有所謂眞實想法的那一瞬間，其他的一切想法都變得無關緊要了。它們沒有任何意義，只是頭腦試圖描述一些東西、述說一個故事罷了。我們都喜歡對彼此說故事，喜歡對自己說故事，尤其是，我們的頭腦最喜歡對它自己說故事，喜歡創造一些虛構故事來描述我們從感官印象接收到的東西。但是，如果我們允許這個「其實沒有任何想法是眞實的」這樣的概念沉澱下來，落實到我們一己存在的最核心，我們的意識就能開始徹底轉換。因爲，如果沒有任何想法是眞實的，那麼你將不再相信導致你掙扎的任何想法了。

進入實相的中心

幾個星期前，我在廣播節目裡聽見了一位傑出物理學者的訪談，他說了一些很驚人的話，這對一個科學家來說是很不尋常的，他說：「你知道嗎，即使是量子力學，我們的理論也沒辦法眞的告訴我們什麼是眞理、什麼是眞實。它們只是解釋了某些東西的行爲，它們是實相的象徵符號，它們並不是眞實的。」我太震驚了！他是一個科學家，他花了大半輩子的工夫試圖整理出清楚而精準的觀念，但他卻說，那些觀念、那些公式沒有一個是究竟眞實的。是的，它們很有用，它們可以解釋一部分的世界運作方式，但它們本身並非眞實的。現在，如果一個科學家能說出這樣的話，那麼你我至少可以敞開心胸，嘗試接受「我們的所思所想並非眞實」這一個觀察結果。

但是，若你敞開心胸迎接一切概念皆非眞實這樣的觀念，你很可能會有兩手空空的感覺，頭腦會不知該如何是好，它會感到自己袒露在外、非常脆弱。你的頭腦很可能從未經歷過這種處境，你也可能會感受到頭腦想要知道的強烈欲望。那不要緊，因爲想要知道、想要說一些關於事情如何運作的故事，是頭腦的一部分功能。然而，那些故事永遠不可能如事情眞正的樣子那般眞實。因此，花一些時間去感受你的頭腦與它天生想要知道、想要構思、想要說故事的欲望。沒有任何的故事，包括最有智慧的故事，能夠像「如是」那般眞實。

超越這份兩手空空的感覺、超越這種不知道的空虛感之外，有某種更偉大的東西：實相的中心。可以這麼說，實相之心不僅僅是那種我們「從山頂上帶回來」的稀有洞見，它不是一個觀念。實相之心其實是我們居住其中的一個廣闊無垠的空間。如果我們能夠了解，雖然思想並非究竟眞實，但我們依然會使用它們，並從這個地方出發來與彼此連結，會是什麼樣的情況呢？我們依然需要溝通，不是嗎？我們依然會告訴彼此故事。但是，儘管我們在對彼此說故事，我們卻很清楚那頂多只是眞相的大略樣貌，也知道我們多數的故事甚至連眞相的大略樣貌都談不上，如果是這種情況，那豈不是深具革命性的一件事？你能想像嗎？如此一來你將對頭腦更放鬆，對頭腦出現的下一個想法、那個試圖說服你去掙扎的想法更不會執取不放。如果你的頭腦卸除了武裝，會發生什麼事？如果你突然領悟到快樂、平靜、愛與自由將不會由頭腦而來，又會發生什麼事？

好好看看這一刻，你會看見：我們生命中最珍視的事物，例如快樂、愛、創造力、平靜、喜悅、合一等，雖然我可以利用一個想法來說這些東西，但是它們當中其實沒有一個和那些想法一樣。我敢肯定，你應該可以看見並感覺到愛是某種超越了「愛」這個字的東西吧。光是說「愛」，只是指向了一個概念，但是其中的感覺是什麼？讓你的心打開是什麼樣的感覺？讓你的界限消泯是什麼樣的感覺？與當下這一刻變得親密無間是什麼樣的感覺？這些能夠被包涵在一個概念裡嗎？當你眞的感受到愛，你會不知道該如何用語言文字或想法來表達它，難道不是這樣嗎？當你感受到這份愛，你已進入了實相的中心，而這就是當你放下「一切思想與概念皆爲眞實」這種信念時，你可以活在其中的空間。

寧靜是覺醒萌生的土壤

任何的眞實啓示都有一個最常見的共通點，就是它會撼動你的心，因爲在那一刻，我們理解了某種不光是思想裡的東西。啓示與洞見來自另一種地方、來自另一個空間。它們來自一個我們文化似乎一點都不尊重的地方，一個叫做「寧靜」的地方。生活中，有什麼比寧靜更容易被忽略？有什麼比寧靜更讓我們想要逃離？有許多人寧願緊緊抓住我們的概念、信念，以及我們的意見，也就是那遠遠將我們與眞相和實相隔離的東西，也不願意體驗寧靜。我們耗費了那麼多的精力來逃離寧靜，但是寧靜確實是覺醒萌生的土壤。它是讓我們得以轉換小我意識狀態、跳脫這個分離信念的土壤。畢竟，分離終究只是個信念，它是我們頭腦所編造的故事。

我的意思不是我們必須試圖**變成**安靜的、我們必須要去練習靜定。如果你眞的想要變成安靜的、靜定的，只要單純地允許自己去看見：腦袋裡的所有思想都只是故事。它們不是好的或壞的故事，也不是對的或錯的。我們的頭腦是個說書人，它讓我們遠離了永遠存在的寧靜與安定。頭腦經常是個很好的說書人，有時候也是個很糟糕的說書人，但終究，頭腦就只是在說故事。故事不是眞的，它實際上並不眞實。

寧靜是一種讓我們卸除武裝的東西，那也正是我們經常想逃離它的原因。我們所生活的社會，讓我們越來越容易被噪音所占據。上個星期，我在路上開車，看見一群高中孩子放學，正在走路回家。他們人手一支手機，總共有七、八個人，每個人不是在講手機就是在用手機傳訊息。沒有人在與身旁的人或環境互動。「這簡直瘋狂！這群人明明一起走路回家，彼此卻沒有實際的連繫。」

我們已經走到了一個地步，面前的寧靜與當下這一刻已變得如此嚇人，讓我們連彼此在一起時，都要盡量讓自己變得很忙才行。我們的身體在一起，實際上卻沒有眞正在一起！我們會一起走路回家，卻會跟別人講話。我們的心思被雙重占用了，只爲了要確保不會有眞正的寧靜、不會有眞正的溝通。這不是件壞事，我甚至不曾說過它不該發生，我只是在說，如果我們環顧周遭世界，就會看見我們受到了制約，而無法深深地傾聽。因爲，那不正是寧靜的意義嗎？它是一種傾聽。它是一種深刻的、無言的傾聽。如同一位有智慧的基督教神祕家所說：「莫要再告訴神你想要什麼，而是要傾聽神要對你說什麼。」這句話眞的十分有智慧，這源自一個基本的洞見，指出我們的頭腦一直不停地在維護自己、表現自己，而這終究只是另一種形式的掙扎罷了。

所以，我們透過各式各樣的方法來與自己和自己的經驗對抗，努力控制生活與我們周遭的人。我們掙扎的方式將我們緊緊鎖住、牢牢囚禁在小我的囚籠裡。然而，我們若能開始看見頭腦只是一個說書人，然後開始傾聽——不是傾聽更多想法或更複雜難解的內容，而是傾聽寧靜，唯有以這種方式傾聽，你才能看見，只有你的頭腦有能力讓你受苦，只有你的頭腦有能力說服你去掙扎。只有你的頭腦可以，別的不行。這全是屬於內在的事，它全部發生在你的內在。

未知就是我們的入口

爲了識破我們生命中那不斷製造困惑與痛苦的頭腦，以及那根深柢固的分離感，我們必須冒一個險，我們必須離開自己的所知，進入未知的神祕實相。未知是個非常私密之處，當你對著未知的內在空間敞開時，可能會覺得袒露在外，但是其實，未知正是我們唯一的入口處。允許自己不知道，我們才能變得眞正地敏感、敞開、開放。承認我們不知道、臣服於我們無法透過頭腦了知實相的本質這一事實，這著實是世上最能激發一個人謙卑之情的事了。這樣的領悟將爲我們打開一條路：通往最偉大的了知之路，就是透過不知。

如同偉大的神祕家聖十字若望（Saint John of the Cross）所說：「爲了來到你所沒有的知識面前，你必須走一條你不知道的路。」我十分喜愛這句話。它完全是似非而是的矛盾。這就是我稍早前說過的，我的老師所謂的「向後退」，不是透過知而獲得了知，而是透過不知。

一旦你來到了頭腦的邊界，來到它所能抵達的最遠之處，你會來到一個無法再繼續往前進的地方，在那裡，下一個思想只能帶你回到頭腦，再也不能帶你超越頭腦。當多數人來到這一境地時，他們要不轉回頭腦裡，要不就是開始沿著這個想像的邊界前進，想像著超出它之外的樣子。這就是通往超越受苦之所在的入口處。

當你發現自己處於頭腦的邊界、當你走到了那個了解到自己已經無法在頭腦內走得更深的地方，那麼你會開始停下來，你會開始放下，你開始擁抱這份未知。擁抱未知讓我們變得謙卑，這是件美妙而且美麗的事，它不是喪失尊嚴，而是眞正的謙卑。**眞正的謙卑是一種非常敞開的狀態，那是一種完全對外開放的狀態，正是從這種完全對外開放與敞開的狀態、從這份願意了解自己其實知道的有多麼少的意願，我們的意識才得以開始轉換。**它會開始從頭腦與小我轉換到它的自然狀態。我所謂的「自然」，指的是非構思而來的東西、非經由籌劃或修改過的東西、某種無需努力維護的東西。爲了終結受苦，我們必須找到一種完全自然的、不會與我們內在或外在環境對抗的意識狀態。那就是我所謂的「覺知的靈性」或「覺醒的靈性」，它是覺醒的空性。這聽來或許抽象，但是簡而言之，它是對一種鮮活的不知道感受完全敞開來。當你不定義自己時，你是什麼？當你不進入頭腦思考過去、現在、未來的時候，它們又會變成什麼？要淺嘗這種滋味、體會這種敞開與放鬆的感受並不是那麼難。但是，別滿足於此一存在狀態那些稍縱即逝的片刻。這就是入口處。請深深潛入這份敞開之中，讓自己好好體會在這份不知道的感覺裡所發現的親密無間。

出生之前的你是誰

在《多馬福音》裡有一段來自耶穌的精彩引言：「那些出生前就已存在的人有福了。」耶穌在此所指的是**存在**，他所肯定的是我們是誰、眞正的我們的本質，而那存在於頭腦創造出一個形象、一個有別於其他一切生命的形象之前。確實，我們無法想像自己出生之前是什麼，我們可以針對這件事對自己說個故事，或提出一個理論，但那不是耶穌的意思。在你採取了形相（form）之前、在你有了形狀之前、在你成爲母親子宮裡的胎兒之前、在你的父母在一起之前，你到底是什麼？

一般而言，我們的頭腦充塞著那麼多關於我們是誰、我們是什麼的概念，以致於我們無法碰觸到這個存在的眞相，儘管我們多數人確實對這部分的自己有一些模糊的感覺。我們有一些模糊的感覺，知道自己不是自己所假裝的東西。當我們假裝時，內心深處會有一種缺少了什麼的感覺，我們可以看見，我們對自己既有的每一個形象，根本上都是有所缺失的。

我們鮮少向別人承認這種不足的感覺，我們保守著這個祕密，因爲我們害怕自己是唯一一個有這種感覺的人。我們以爲其他人都很清楚自己是誰、是什麼，然而，如果你眞的問別人，而他們也願意眞誠地敞開心胸的話，他們會告訴你：「是的，我也感受到了這份不確定。」他們會與你分享，說他們領悟到自己爲自己所創造的身分，並無法眞的體現他們是誰的感受和本質。他們會承認，自己經常覺得在一齣戲裡面演戲。許多人都是這樣在過日子的。我們在扮演著我們已學會如何扮演的角色，但問題是，我們不知道如何不再扮演那個角色。我們以爲自己需要另一個角色，或許是一個更好的角色，但是，果眞如此嗎？如果我們在某個片刻停下來，不扮演**任何**一個角色，如果我們允許自己回到出生之前，然後接觸我們採取形相之前、我們變得像是某個獨特而與別人不同之前的我們，事情又會如何呢？

如果你在這個不知道自己是誰的地方停下來，如果你能抵抗構思出一個身分的誘惑，你會開始觸及自己內在那活生生的臨在感。你會對我所謂的「活的、孕育中的無」敞開。這不是那種空白或一切品質皆不存在的那種「無」，而是一個擁有非凡活力與豐富潛能的「無」。在此我們可以進入一個神祕領域，一個無法透過我們正常的思考路線與理解力抵達的地方，我們可以清楚看見，眞正的我們並非某種可以讓我們思考的東西。我們只能思考我們所不是的。我們所是的眞實狀態是生氣勃勃的、覺醒的、有意識的，以純粹的潛能狀態存在著。

我們從這份純粹的潛能與活生生的臨在，進入了形相的世界。我們在這個世界被生下來了，當我們從廣闊無邊的空性一路行旅至物質領域，我們在母親的子宮裡發展出形相。這個我們後來與之認同的形相，一個單純的物質形相，其實就是從這份純粹的潛能裡發展出來的某種浩瀚的東西。九個月之後，從這個溫暖、舒適的子宮裡，你出現了！驟然誕生成爲一個生命是個很大的驚嚇。這驚嚇如此之大，讓那敞開而自由的靈性立刻收縮並緊緊抓住了身體，就像你在電影院裡受到驚嚇時會牢牢抓住某人那樣。當你出生時，意識也會如此。由於環境的劇烈變化，靈性緊緊攀附著身體，而就從那一刻起，認同於焉開始。

這整個誕生至形相世界的過程，其實也可以從另一個角度來看待。沒錯，誕生爲形相這件事確實發生了，而且有了鮮明的身心表相，散發出美麗、奇妙，與不可思議的創造力。我們見證了靈性僞裝成身體，以一個包含了頭腦、感官與感覺的身體之姿出現，但是當我們仔細探察，會察覺這個形相、這副身軀，並沒有任何理由與它的源頭，亦即靈性那源頭分離。

儘管有這個誕生爲形相並在往後的人生逐漸成熟的過程，眞正的我們其實大部分仍停留在「未出生」的狀態。這個「未出生」的品質不是一個會隨著年紀漸長而失去的東西。人很容易受到頭腦的催眠而相信自己失去了那個原始狀態、那與靈性眞正合爲一體的狀態，但這只不過是個念頭罷了，它只是頭腦的把戲。就在這一刻，我們看見這個非凡的形相——血液在流動、心臟在跳動、肺部在呼吸。這個形相被賦予了思考、感覺與想像的能力，愛與恨的能力，質疑與主張的能力，以及感受悲傷、哀痛、失去，也感受喜悅、平靜和深刻幸福的不可思議能力。這簡直就是毫無道理的。所有這一切都是你那未出生的本質、你的靈性本質的一部分表達。那看不見的，以一副身軀、一副頭腦，以及獨特的性格結構這一形相呈現它自己。每一個誕生在這世上成爲物質形相的生命，都被給予了一個自我感，好讓靈性可以透過它來運作。

既是一切也是無

就在這個當下，我們能不能開始感受到，我們的身體、頭腦，甚至性格，正是我們的靈性本質與周遭世界的聯繫方式？是否可能感受到，這些身體與頭腦其實是靈性的感覺器官？我們的物質形相是一個媒介，透過它，靈性本質才得以體驗它自己的神祕造物，得以被它的造物所迷惑、所震撼，爲它感到敬畏甚或迷惘。靈性是包含一切可能結果的純粹潛能。從我們靈性本質的立場來看，沒有什麼是要避免的。沒有什麼經驗需要避開，萬事萬物都是禮物，包括痛苦的事情。在實相中，一切生命，包括每一個片刻與每一個經驗，都是靈性的表達。

有時候，我們覺得頭腦清楚，既不會困惑也不會猶豫不決。當我們對我們是誰與眞正的我們很清楚，就會以清楚的方式行動，並從一個愛、平靜、慈悲與了解的所在對生命做出回應。而當我們不清楚、感到困惑、認假爲眞時，我們會如何行動呢？我們很容易迷失，或許會表現出不友善，甚至殘忍的態度。我們之中有沒有人曾經做出不友善的舉動，之後回頭一看才發現：「哇！我當時爲什麼會那樣？我怎麼可能做出那種事？」你之所以有這樣的反應，有個對每一個人都成立的答案：因爲你相信了某件不眞實的事。

當靈性變成了形相，它也有潛能變得困惑，而當它眞的困惑了，我們會體驗到負面情緒，然後將它表現在言行舉止上。我們必須記住，我們眞實的靈性本質並非只有良善，它並非只是快樂。它是一切，同時也是無。除了我們的靈性本質之外，並沒有一個力量存在。如同神祕家曾告訴我們的：除了神之外沒有別的。你觸目所及的一切，都是神。你所感受的一切，都是神的感受。所有的一切都是。我們所受的教育與所受的制約，讓我們認爲神只是指美好的事物，神或靈性或無論你怎麼稱呼它，是個「好人」，而一切痛苦的事物都來自另一種叫做「魔鬼」或「邪惡」或**輪迴**的來源。而事實上，這麼做只是將這個世界弄得支離破碎，那是一種理解神性的幼稚方式。如果我們眞的想要覺醒、如果我們眞的想讓痛苦結束，就必須敞開心胸面對何謂神、何謂靈性。我們必須了解，靈性是涵容一切的無限潛能。我們所有人的生命都是個明證，能立刻證明我們的靈性本質包含了一切，我們可以清楚也可以困惑，我們可以充滿愛心也可以殘忍。我們如何行動、如何感覺，取決於我們有多清醒、我們在內在體驗到的寧靜、平靜有多麼深。

我記得多年前與母親的一次對話，當時她是五十多歲的年紀。她說：「你知道嗎，我年輕的時候，我以爲等我五十歲的時候我就會知道所有的事。我以爲我一定會變得不一樣，但是現在雖然我擁有豐富的人生經驗，也知道更多事情了，我其實一直都一樣。」當時，她接觸到一個非常深奧的眞理——我們每一個人，都有著一直以來都一樣的東西。現在，就在這一刻，你就可以感覺到、體會到這一點，因爲它就是現在正在覺知的。它是那個正在傾聽、耳聞、感受的，它就是那個現在這一刻正在憶起的、想像著的。即使你無法將它概念化，它也在那裡，它是某個你無法緊抓卻永遠都不會失去的東西。那就是你之所是——某種你永遠無法完全想像，但也永遠不會丟失的東西。萬事萬物，包括你的身體、我的身體、每個人的身體、你所見的每一件事、每一粒塵埃、路邊每一個被丟棄的垃圾……都只是那稱爲靈性的純粹潛能之示現。

你若回顧自己的人生，是不是有一些關於你的東西是永遠不變的？現在，就有一些關於你的東西是和以前一模一樣的，看看你是否能感覺到它。別試著去了解它，只要去感覺它就好。現在，有什麼東西是一直以來都一樣的？

大回歸

耶穌曾說過：「天國就散布在這地球上，而人們卻看不見。」我們得到了這個天國的概念，認爲它是一個極爲和平、寧靜、快樂與合一的地方。我們所得到的概念是，我們可以在未來獲得這份和平、這份平靜，而它是在雲端裡、在星際間的某處，而且天堂是個特殊的所在，只保留給極少數的人。但是在這句話裡，耶穌和許多偉大的靈性師父一樣，他提醒我們說，**這個**就是天堂、你所見的每一樣東西都是靈性的示現。萬事萬物都是神的化身。你若能敞開心胸接受這一點，你將會以什麼不同的態度面對人生？如果你看見鄰居只是和你一般平凡的凡夫俗子，但是內在深處也是神的化身，那麼你會如何與他們說話？你能否同時抱持著這兩種現實狀態——生命的所有面向都有其平凡、日常的品質，但也同時是神性的完整表達？你能想像嗎，如果你知道人們同時是這兩者，你會如何與他們互動？

允許我們的靈性本質展現，不表示我們必須忽略自己的身體、頭腦與性格，而是可以看見我們的身體、頭腦與性格就是靈性的一種表達。這不是一件二選一的事，我們可以同時既是身體也是靈性，就像一枚硬幣的兩面。你會發現，唯一能夠全心全意接受你的人性、接受你這趟精彩人生的，就是你內在的靈性本質。你的小我所尋找的愛，只能在你的本質裡找到。沒有任何外在的人事物可以給予你足夠的愛。

你內在的靈性臨在，是如是、一切如是的忠實愛人。它有意識地顯現在此，知道它將會完全如其所是，也知道我們的頭腦這個傑出的工具會如何危險地戲弄與欺騙自己。儘管如此，它仍義無反顧地決定化爲人身，度過這出生、活著與死亡的短暫週期，只爲了要領悟到：它的本質在這整趟旅程中始終不變。最終，它無所得亦無所失，唯一可能會失去的，就是當你對「如是」閉起了眼睛時。

⁂

現在，就在這一刻，向內看。向內看的時候不要去尋找任何東西。只要去看，只要去聽，只要去感覺，然後允許自己體驗那內在的臨在，以及靈性的那份透明。如此，你也會開始了知到耶穌所知道的，也就是你在成爲這個生命體之前早已存在，甚至在你成爲這個生命體之後，你的本質依然保持是那個眞正的你。出生單純意味著你可以同時是無也是有。當然，我們都知道當我們擁有一個外表時，要失去我們那神聖的無是非常容易的，但是生命的禮物就是我們可以同時作爲兩者。這確實是我們的「大回歸」，這是回歸至我們的清醒意識，就在此時此地，回歸至我們誕生之初，憶起了我們是誰。唯有那個時候，我們才知道要如何做眞正的自己、如何不迷失在頭腦裡。利用你的身體和頭腦當作你本性的一種表達吧，以它們作爲一種與他人連繫的方式、一種提醒他人我們是誰的方式。

5
體驗情緒的原始能量

有一次，在我講授的僻靜會裡，一位女子拿起麥克風說：「我感到體內有滿腔的怒火！即使當我在僻靜會裡坐著，在沒有受到打擾、也沒遇到任何挑戰的情況下，我還是覺得怒火中燒！我看著人們，然後發現自己一直在評斷他們、毫無理由地憎恨他們。在我生命中的大半輩子，我都是帶著這種非常非常憤怒的感覺在過日子。」

我可以從她的眼睛和她的身體語言看出來，這些憤怒確實占據了她的整個身心系統。當時我說：「我不想和妳說話，我想和妳的憤怒說話。」

一開始，她用略帶困惑的眼神看著我，不懂這是什麼意思，因此我又再說了一次。我說：「我想要和憤怒的情緒談話。告訴我它是怎麼看待人生的、它對別人有什麼想法。它對妳生命中最重要的人，會做出什麼樣的評斷？」

她看著我，露出驚恐的神色，說：「喔，不行，那個不行。」

我說：「可以，可以，可以。那就是我想要談話的對象。我想要妳賦予憤怒一個聲音。不再讓自己與它分離，不再試圖擺脫它。只要一下子，讓妳的頭腦反映出它的眞實面貌。」

幸好，她勇氣可嘉。由於她已經受了太多苦，因此願意碰碰運氣，所以，她開始從憤怒情緒的角度來和我說話。於是，從她口中傾瀉而出的全是她的有毒思想和觀念、她的頭腦對人生和周遭的人所斷定的結論，而其中有許多都是根源於她成長過程中幾段特別艱難的日子。我不斷對她說：「就是這樣！」「再多說一些吧！」「再多說一些吧！」以此鼓勵她，她也因而越來越肯讓這個憤怒的聲音說話。說話時，所有的評斷、怪罪與責難紛紛脫口而出，如此說了一陣子之後，有一個稍微輕柔些的聲音出現了。那是一個深深受了傷害、很悲哀的聲音，是一個更爲私密、較無防備的聲音。顯然她是在爲她的痛苦發聲，這時候，我開始清楚看見她受了那麼多苦的原因。

讓你的痛苦說話

我們的痛苦包含了兩種元素：心理元素與情緒元素。我們通常認爲這兩個面向是分開的，但事實上，當我們深深沉浸在痛苦裡時，通常會因承受太多情緒的衝擊而忘記去意識到頭腦裡的故事，然而就是這些故事創造並且維繫了這份痛苦。因此，處理痛苦並進而超越它的最關鍵步驟，首先就是要鼓起勇氣，願意眞正去體驗我們的感覺、不再試圖修飾我們的感受。爲了能深度體會自己的情緒，無論有什麼情緒浮現，我們都必須停止冒然評斷自己。

我邀請你撥出一些時間，或許半小時也好，來允許自己單純地去感受任何存在的感覺：讓一切的覺受、感覺或情緒自然浮現，而不刻意去避開或「解決」它。單純地讓所有在那裡的東西浮現即可。去體會那身體的動覺、體會當你試圖推開或找藉口敷衍它時，是什麼樣的感覺。只要去感受情緒或覺受的原始能量就好。你可能會在心口或太陽神經叢、或腹部注意到它。看看你是否能辨識身體上的緊繃部位，不光是要注意情緒在哪裡，也要注意身體的哪些部位感到緊繃，可能是你的頸部或肩膀，或你的背部。痛苦會以情緒表現出來，而且經常，深切、痛苦的情緒，也會在全身各部位以緊張表現出來。痛苦也會以不斷循環的特定思考模式表現出來。你一觸及某個特定的情緒，便要讓自己傾聽痛苦的聲音，若想這麼做，你就不能站在痛苦的外面，企圖找藉口敷衍它或解決它，你必須眞正沉浸在痛苦裡，甚至是放鬆地進入那份痛苦當中，如此才能讓那份苦發聲。

許多人在做這件事的時候會非常猶豫，因爲當痛苦說話時，它的聲音經常十分震撼，還可能非常凶狠。人們不想相信自己內在竟然有這種聲音，但是要想超越痛苦，讓自己徹底體驗它是個重要的關鍵。對所有的情緒與念頭敞開，讓自己徹底體驗存在那裡的一切，這是非常重要的。

當你注意到自己內在的一些情緒創傷，請讓你的頭腦在腦袋裡對你說話。或者，你甚至可以大聲說出來。我經常會建議人們將痛苦發聲時所說的話寫下來，盡量讓它越短越好，讓每一個句子意義完整。例如，痛苦的聲音可能會說：「我痛恨這個世界！」「這世界完全不公平！」「我從沒得到我想要的東西！」「我母親從來沒有給過我我需要的愛！」等等。如果它們一直懸在你的腦袋裡，通常就會變成一團亂。因此，要想解開這一團亂，第一步就是要說出或寫出這些痛苦的聲音。

你要探詢的是你的受苦和你所經歷的特定情緒，事實上是如何在看待你的人生、看待發生過的事，以及看待當下所發生的事。要這麼做，你就必須去接觸你的痛苦故事，因爲我們正是透過這些故事在維繫我們的痛苦。因此，我們必須將這些故事說出來或寫下來，就算故事聽起來像是激烈的批判、怪罪或譴責也要這麼做。如果我們允許這些故事活在地底下，活在無意識的頭腦裡，一切的痛苦情緒將會繼續不斷地滋生。

因此，現在，花一些時間讓你的一些痛苦述說它的故事吧！首先，爲情緒命名，然後讓它說話。這份情緒對你怎麼想？對你的朋友、你的家人怎麼想？它最痛恨什麼？它爲什麼在某一天就會出現？這些情緒底下是什麼？讓你的痛苦說出它全部的故事。

我們如何維繫痛苦

最近，有位極度絕望的女士前來找我。我問她：「這份絕望和妳在一起多久了？」她說：「幾乎從我有記憶開始就有了。」

我問她：「它是什麼時候開始的？當它變成妳經驗中一個強烈而深刻的部分時，妳幾歲呢？」

於是，她告訴我一個故事，說她躺在床上哭著喊媽媽的時候，她媽媽從來沒有過來。她會一直哭、一直哭，而媽媽還是沒有來。她告訴我，當時她大約六歲，她躺在那裡，開始覺得自己被遺棄了。這在年幼的孩子身上很常見。當我們年紀很小，而且體驗到焦慮、痛苦、傷心或純然的困惑時，我們自然會大哭。而經常，我們的情感需求若沒有獲得滿足，就會對生命做出某種結論。我們會不知不覺地在腦子裡編織一些小故事，故事或許像這樣：「我媽媽討厭我。她不關心我。我從來沒有獲得自己想要的東西。」當然，一如所有的故事，它們有時候會顯得非常眞實。當我和這位女士交談時，她的故事正是她被遺棄了、她從來沒有從母親身上獲得自己需要的東西。

因此，我鼓勵她說出全部的故事，她說完之後，我說：「ＯＫ，現在，既然妳已經說完故事了，已經與痛苦的聲音接觸了，我們要利用那個痛苦的聲音來讓妳自由。」接著，我請她回顧，然後對她從這事件得出的第一個結論提出質疑，亦即「當我最需要我母親的時候，我被遺棄了」這個結論。我要她不斷告訴自己這個故事。我說：「在這一刻，告訴妳自己這個故事，然後看看妳有什麼感覺。」

她對自己說了這個故事：「我在最需要母親的時候被遺棄了。」

我說：「妳的內在出現了什麼變化？妳對自己說這個故事的時候，有什麼感覺？」

「絕望與悲傷，」她說。

因此，我們又從頭做了一遍。「現在，一遍又一遍地對自己說這個故事，重複個幾次，」我說。我這麼做是爲了讓她的身體和頭腦連結到一個事實，也就是她頭腦裡的這個結論在維繫著這種非常強烈的經驗。

她將故事再次說了幾遍之後，我問了她一個令她感到意外的問題，我說：「這個發生過的故事確實是眞的嗎？妳的結論眞的完全正確嗎？」

她脫口而出的第一句話是：「是的！我被拋棄了，我當時需要媽媽，而我從來沒有眞正得到過我要的東西！」

我再次問她：「當妳說這個故事，然後相信它的時候，會發生什麼事？」

她說：「嗯，我會再度感到絕望，再度覺得被拋棄。我會感受到這份強烈的、非常強烈的悲傷。」

我說：「嗯，好。記住那個事件，」因為我們不想否認發生過的事，我們不想試圖假裝那件事沒發生過。然後我說：「現在，我要妳看看自己是否能記起那個事件，但是這一次，不要告訴自己任何關於它的故事。不要對妳的母親，或人生，或遺棄等任何事情下結論。只要默默體驗它就好。」

我可以看見，當她閉上眼睛時，她想起了事情發生的經過。她在頭腦裡回憶了那段記憶，我可以從她的表情和身體語言裡看出來。然後，她睜開眼睛說：「當我想起事情發生的經過，而不告訴自己任何故事、不下任何結論、不怪罪人或告訴自己沒有得到自己需要的東西時，我其實感覺好多了。但你知道嗎？我的故事好像很眞實！我的需要沒有獲得滿足！這確實讓我感到悲傷！我從那時起就感受到這份深切的痛苦！」

我再度問她：「只要體驗這同樣的回憶，但是保留妳的故事，忍住不讓妳的頭腦下結論，也不要因爲自己製造了那些結論而批評自己，只要看看自己是否能體驗那個故事而不做結論。」於是，她再度閉起眼睛，想像事情發生的經過，然後睜開了雙眼。我說：「在妳針對那次經驗告訴自己一個故事之前，現在的經驗是什麼？」

她說：「你知道嗎，現在它就只是一個經驗而已，就只是一件發生過的事，但它並沒有在我內心觸發任何感覺。」

就在那一刻，她開始領悟到她的頭腦和身體之間的連結、她的情緒生活和思考生活之間的連結。她開始能夠看見，思想和感覺如何聯手製造出痛苦，她識破了痛苦如何運作的這一整個現象。幾乎毫無例外地，這種與我們相伴多年、甚或一輩子與我們爲伍的深層痛苦，是被我們當初所做的無意識結論牢牢釘住了。這些下結論的時刻可能發生在自己非常年幼的時候，或者當我們生病、失業，或者與情人分手的時候，或者任何我們經歷到深刻悲傷、哀愁或憤怒的時候。若你能將那些時刻的經驗與頭腦所下的結論分開，你便能品嘗到眞正的自由。你的內在將會打開一個空間，讓情緒釋放，好讓它不再一遍又一遍地重複。

擁有一次完整的體驗

痛苦的情緒有辦法在我們的身心系統裡不斷再生，無時無刻、日復一日、年復一年。如果我們想要根除這種再生現象，就必須深深了解並且具體做到我所謂的「完整體驗」。面對難熬的情緒時，我們經常會逃避它，不是壓抑它就是立刻做出衝動的反應，其實並沒有徹頭徹尾地體驗存在當下的情緒。許多年來，我們已學會了以這種方式處理生活裡的不愉快情緒和思想。然而，每當我們轉過頭去逃避面前的事，就會為自己和身邊的人製造出未來的痛苦。

這些處理策略之所以出現在我們頭腦裡，是為了試圖解釋發生在我們身上的事件。當我們經歷痛苦的情緒或感覺，我們的頭腦會立刻地，有時甚至是狂熱地開始對自己說故事，只為了建構出一個足以解釋我們為何會有那種感覺的情節。當這個過程逐漸開展，我們通常會變得越來越無意識。所謂「無意識」，我是指我們並未以完整而敞開的方式充分體驗發生之事。我們會退縮、從經驗中抽離，這其實很正常。沒有人想要有很糟糕的感覺，因此退縮與抽離似乎十分自然，但是每一次我們從直接的經驗退縮，然後編織一個故事，就已經進入無意識了。我們一進入無意識，那個當下所產生的情緒就會被鎖入我們的身心系統裡。在我們有能力體驗該情緒而同時又不會進入無意識之前，它會一直停留在那裡，一再地重新出現。

如果我要求人們從該情緒的角度和我說話時，他們就能聽見那個讓它們進入無意識的故事。儘管發生的故事對我們來說可能看似非常合理，但重要的是必須記住：**它們其實導致我們進入無意識，將痛苦鎖入我們身體裡。因此，我們要做的反而是想辦法切身體會那些感受，而不針對它們製造出更多思想念頭。**當你開始體驗一種難受的感覺，你會看見，它經常與一個回憶相連在一起。當你在頭腦裡重播那段回憶的時候，如果你允許它單純地存在就好，不帶任何故事與結論，你會開始感受到那份情緒從你的身心系統釋放而出。這可能不會立刻發生，事實上，有一段時間，痛苦的經驗可能甚至會更強烈，但這只是因爲你現在是有意識地在體驗它，而不是感到麻木或抽離。你與每一時刻的痛苦經驗變得親密無間。

我們的身體非常善於清理自己的痛苦，例如當我們哭泣時，身體會藉著沖走痛苦與有毒的情緒來淨化我們。但是，儘管身體常常試圖幫助我們放下痛苦，頭腦卻喜歡唱反調。它會利用它的故事與結論讓我們再一次受到創傷。其中的困難在於，無論我們對人生的苦難做出什麼樣的結論，那些結論都會顯得十分正當合理，因爲我們的頭腦非常聰明。將會有大量的證據來證明頭腦對發生之事的看法為什麼是合理的、正確的。

下次當你感受到一些強烈情緒時，看看是否能聽見你的頭腦為它創造的觀點，但是聽的時候不能評判、猶豫或否認。你可能必須將它寫下來，否則，它可能會顯得太混亂。一旦你接觸到某個特定情緒底下的故事或結論，接著你就可以邀請自己去體驗同樣一件事，但是不帶任何故事。別擔心，如果你想回到故事裡的話，它會在那裡不會跑掉的。透過這樣的探詢，你的身體將會漸漸感受到兩種情緒之間的不同：原始而純粹的情緒，以及透過故事所維繫的老舊的、根深柢固的情緒。

放下我們對如是的抗拒

幾年前，我遇見一位男士，他告訴我自己曾經歷過的痛苦情緒。我請他以那個情緒的身分跟我說話，告訴我那情緒對他、對這個世界與其他人作何感覺。他往內心搜尋了一下，說：「你知道嗎，阿迪亞，我找不到任何故事。」

我說：「一定有一個故事！」

他說：「我眞的找不到。」因此我鼓勵他在接下來的一、兩個星期和那個情緒在一起，然後再回來和我分享他的體驗。幾個星期之後，我們又談起了他的痛苦，他告訴我他靜靜地和它坐在一起大約有一個星期之久，仔仔細細地探察是否有任何故事在那裡，起初他什麼也找不著，後來他領悟到：「我之所以聽不見痛苦的故事、聽不見痛苦的觀點，是因爲我讓自己與它保持疏離。我只是一個旁觀者。」

我說：「對了！你必須放棄這種旁觀的態度，全然地去體驗它。」

他已經可以看見，一旦自己放棄旁觀者的角色，故事會開始浮現，他只要讓它自然地流瀉出來即可。透過這個過程，他看見了感覺與思想的結合將故事鎖入了他的身心系統裡，而他若能將這兩者雙雙釋放，包括故事的智性或以思想爲根據的部分，情緒便自動消散了。

另一次，我在夏威夷遇見一個人，他年幼時得了小兒痲痺症，一些小兒痲痺症狀在成年後仍會不時出現，他必須在肩頸裝一個小籠子似的支架固定住他的頭部，因爲他的肩頸和背部痛得非常厲害，如果他不將頭部撐起來的話，根本無法做什麼事，而且還必須藉助大量的止痛藥才能安然度過一天。

他告訴我，有一天，他在書店讀到一本書，書上寫著這一行字：「不需要抗拒疼痛。」他說，不知怎麼地，這句話深深觸動了他，甚至在那一瞬間，書從他手中滑落，他也跪倒在地上。他實在太震驚了，有長達十五分鐘的時間，他動也不動地呆在那裡。他說，這種想法，也就是不需要掙扎著與疼痛對抗這種概念，實在太過非比尋常、太過震撼了，他整個人因而屈服了。

和多數人一樣，掙扎著與疼痛對抗似乎完全合乎邏輯。我在此指的不是情緒痛苦，而是身體疼痛，有許多人每天都要熬過的那種活生生的疼痛。儘管我們可能可以讓自己從痛苦中解脫，疼痛卻是人類生活的一部分。無論我們變得多麼自由解脫，有時候，我們可能依然難逃疼痛的影響，那種活生生的肉體疼痛。我們無法逃避疼痛，但是能改變自己與它的關係。這位男士告訴我，當他從地上站起來、從這句話所帶來的衝擊恢復之後，在接下來的幾天，他注意到自己的疼痛減輕了非常多——僅僅是比起前一天，就減輕了百分之五十之多。於是，他回去找醫生，請他將止痛劑的劑量減輕，可是醫生告訴他說，這可能不是個明智之舉，所以他只好離開了。一個星期之後，他又回去，他說：「不行，我已經準備好要減輕止痛劑的劑量了，我眞的準備好了。」

這一次，醫生又跟他說：「不行，不行，我想我們應該維持原劑量。」

終於，他問醫生：「爲什麼你不想讓我減輕止痛劑的劑量？我已經告訴你，我不像以前那麼痛了。」

然後醫生問他：「你是想要自殺嗎？」

那位男士說：「我的天哪！沒有！我壓根兒沒想過這件事。我只是了解到，自己根本不需要掙扎著對抗疼痛，而這樣的領悟強烈地改變了我的經驗。」

醫生解釋道：「嗯，有時候，那些飽受劇痛之苦的人說想要減輕止痛藥劑量，是因為他們決定要結束生命，而這樣的決定會帶來暫時的自由和解脫感。我是擔心，這可能是你想要減輕劑量的理由。」

這位男士向醫生說，他的情況絕非如此，然後與他分享自己不再需要掙扎著對抗疼痛的經驗，以及這份領悟如何讓他的疼痛消失了大半。之前，他的頭腦掙扎著與疼痛感對抗的方式，徒然讓疼痛更加惡化。

我自己也有過非常類似的經驗。幾年前，我胃痛，有好幾次都必須進醫院接受治療。有一次，我因痛得特別厲害而去急診室掛號，我從來沒有體驗過這種痛。我太太問護士可否給我一些止痛藥，但他們堅持在我看醫生之前不能給我任何藥物。就像全國的許多急診室一樣，診療室人滿為患，我幾乎等了快三個小時才見到醫生。就在我等待的時候，疼痛越來越劇烈，我不由自主地像個胎兒一樣整個人倒在座位上，蜷縮成一團，身體像是受到驚嚇般顫抖個不停。疼痛已經劇烈到讓我的視線收縮，我覺得我快要失去意識了。老實說，有一部分的我希望自己快點昏過去，因爲實在太痛了。

在那幾小時的時間裡，我有了一個從來沒有過的深刻理解：關鍵在於我沒有以任何方式來抗拒疼痛。如果我有一丁點對未來的想法，或者想著疼痛還要持續多久，或者到底怎麼了、什麼時候才會結束等這些想法，疼痛甚至會變得更加劇烈。有了這份理解，我才能眞正和當時發生的事在一起，而不是將心思轉移到任何當時可能浮現的想法上。我確實與疼痛合而爲一了。我不會告訴你說這能讓疼痛消失，或說我不是身陷嚴峻的痛楚當中，但是差別在於，我並沒有在受苦。

我身陷劇烈的身體疼痛，但是我沒有在受苦。我很清楚，**受苦與疼痛其實是兩件不同的事。受苦是源自於我們對如是的抗拒，這就是導致我們心理或情緒上受苦的原因。疼痛是生活上一個不可避免的結果**，有時候，我們會經歷十分痛苦的事情，有些人甚至一輩子都與慢性疼痛爲伍。在與一些有過慢性疼痛經驗，並且進行過深刻內省的人交談之後，我發現，疼痛處理得最好的那些人，並不相信自己對疼痛的任何想法。他們不相信自己對於未來的想法，也不會沉浸在頭腦裡，試圖合理化疼痛。他們都告訴我，他們的頭腦涉入得越多，他們就會變得越害怕，疼痛也會變得越劇烈。

丟掉我們對過去所下的結論

當我們直接探究維繫我們痛苦的東西，也就是頭腦裡的概念與結論，要全部將它們放下可能相當困難，因爲在許多情況下，這些結論顯得很有道理、很正當。事實上，如果暗示說它們不是眞的，幾乎要變成一種侮辱了。我曾和一位女士談話，她告訴了我一個她童年的故事，她說：「我母親當初應該要更加和善地對待我。」

我問她：「那是眞的嗎？」

她看看我，彷彿我瘋了似的！她說：「當然是眞的！父母應該要善待孩子，每個人都知道！」

我說：「我知道那是我們的結論，但那眞的是眞實的嗎？父母應該要善待孩子，這是眞的嗎？」我可以看見她臉上的表情好像在說，她不敢想像我居然會問這樣的問題，因爲對她來說這顯然是事實。然後我說：「我了解善待孩子對妳來說是眞實的，那是妳的價値觀，但是那對妳父母來說顯然不是眞的，因爲他們並沒有這麼做。」

當我們與過去的如是爭辯，唯一會受苦的人就是我們自己。我們爲什麼要爭辯並不重要，重要的是我們的抗拒看似有多麼合理、正當。**當我們開始深觀頭腦所做的事，就會看**

見，我們對痛苦所下的結論與正當化的理由，才是讓受苦持續的原因。

我花了好一會兒功夫在這位女士身上，我必須邀請她眞正地去看見，當她對自己說這個「父母應該要善待孩子」的故事，她的身體就變得更加僵硬、緊繃，而且感受到深深的受傷情緒，甚至是心靈的創傷。我所做的下一步是，我邀請她回憶自己的父母，但過程中不下任何結論。我可以看見她的思緒回到了過去，而當她想起過去造成她許多痛苦的事情時，我問她：「當妳不告訴自己父母應該要怎麼做時，是什麼樣的感覺？」

她說：「嗯，那就可以忍受。事實上，那感覺好多了。」但是很快地，她又說：「但那是眞的！父母難道不該善待子女嗎？」

我說：「妳眞的知道嗎？妳眞的確切地知道那是眞的嗎？我們以爲那是眞的，我們相信那是眞的，那對妳可能是個神聖的價值觀，但是當我們將自己當前的價值觀強加在過去上，就注定要受苦。眞實情況是，妳父母並未善待你，那就是眞實情況，那就是當時所發生的事。他們的行爲傷害了妳，而那個傷害是眞的。那個感覺十分眞切，那個情緒十分眞切。而妳所告訴自己的關於發生過的事與人們應該或不應該怎麼做，那些永遠不會像眞正發生過的事那麼眞實。」

這對許多人而言是個大躍進，因爲社會、學校、朋友以及整個文化都教育我們，說關於人生的一些特定故事與結論有其客觀的現實，然而眞相是，有時候父母是不和善的，有時候子女也是不和善的。有時候，你的朋友對你不和善，而且我相信你也曾對你的朋友不和善。你可能曾經歷過非常眞切的痛苦，但是當我們又將自認爲應該或不應該的想法加諸於它時，那樣的心態就會將痛苦的情緒鎖入我們的身心系統裡。因此，儘管人們很難看清這件事，因爲它和我們慣常的想法太矛盾了，但是如果我們想要終結痛苦，絕對有必要看清這件事。

我的意思不是你應該以任何方式壓抑過去發生過的事，或假裝它不曾造成重大的傷害。我不是在要求人們告訴自己一個相反的故事，說：「哦，如果父母不善待孩子，那也完全沒問題。」我只是單純地在邀請你和過去的如是與現在的如是在一起。你現在感覺如何？當你可以感受到存在於此的一切，而又不告訴自己關於它的任何故事時，是什麼樣的感覺？有時候，這些感受會暫時變得更加鮮明，它可能會激發出更深的情緒，讓那些情緒自行從你的系統裡清理掉。隨著你變得越來越有意識，你所受的情緒之苦也可能在一段短時間裡變得越來越強烈，那就好比你從一個心理與情緒的麻痺狀態恢復知覺。但是這種恢復知覺的現象是絕對關鍵的，因爲除非我們清理了容納著痛苦的所有故事，否則我們永遠無法感受到從眞相的角度與生命互動的自由與平靜。

一旦你有了初步的了解，明白我們的思想和故事是如何以各種方式將我們困在痛苦中，你其實已經開始連繫上某種更重要且有意義的東西了，而你可以用它來開拓你的生命視野。無論我們從生命構思出什麼、從頭腦做出什麼關於過去、現在與未來所是的結論，我們都是在讓自己的生命經驗變得更狹隘。它們都是我們與如是爭辯的方式。每當你與過去、現在或未來的如是爭辯，你就是在限制自己體驗眞實之你的浩瀚無邊，沒有別的。到底發生了什麼事，或者某人有多麼殘酷、或者事情有多麼不公平都不重要，也許這些全部發生過，而痛苦是如此深刻與眞切，然而當我們在心理上出現抗拒、當我們說某件事該或不該發生時，我們就是在與發生過的事或者正在發生的事爭辯。而當我們與生命爭辯，每次必輸無疑，而痛苦將會是贏家。

體驗沒有痛苦的當下

當你的頭腦與如是爭辯時，請注意自己的身體有什麼感覺。請注意情緒上有什麼轉變，也注意當自己開始將頭腦敞開一點點，並且邀請另一種可能性進入時，會發生什麼事，那個可能性是：或許你對生命裡某個事件的結論、對它所做的評斷，並不如你想像得那麼眞實。只要將這份可能性放在心中，你就會看見自己的情緒環境開始出現變化。你會開始更加地處於當下這一刻，而這就是從受苦狀態獲得自由解脫之道。

當你進入了這樣的時刻，你會開始體驗到眞正免於痛苦的片刻。如果你以無言的方式、放開心胸允許自己去感受一切存在的東西，你會發現，你已經握有放下痛苦的鑰匙。當你開始存在於此時此刻的當下，會感到恐懼是很常見的。「哦！我怎麼能在此時此刻如此赤裸、敞開？我會發生什麼事？」這類的問題會浮現，這類的恐懼可能會自動生起，因此，這的確需要勇氣。這的確需要你願意在當下的這一刻，去感受如是的一切。如果恐懼生起，就讓它生起，讓它自行從你的身心當中清理掉。

如果願意在艱困的時刻暫緩腳步、做幾次的呼吸，然後留意並傾聽一切存在的東西，你可能會注意到，有一個安撫人心的臨在會開始升起。允許自己去感受並體驗這份臨在，你就能對此刻現起的一切越來越敞開。儘管這會令人害怕，但是底下卻有一種總是與你同在、永遠可得的平靜與幸福感，即使是你覺得身體不舒服的時候亦然。我的老師以前總是稱呼它爲「遭遇困難時，那個依然沒有困難的你」。

我第一次聽見這個總是臨在的「你」的說法時，不了解這是什麼意思，但是它後來對我造成了極大的影響。我一直記著這句話，而且我會想：「那是什麼東西？即使我正遭遇困難，依舊沒有困難的我是什麼東西？」因爲在那之前，我一直認爲要不就是我正遭遇困難，要不就是沒有困難，這是件二選一的事。然而，當你體驗到恐懼時，如果你能眞正地停下來、敞開，你會看見恐懼是發生在一個無懼的空間之內，憂愁是發生在一個有安撫作用的臨在之內，因此假若我們願意眞正敞開自己、體驗自己對那份敞開的抗拒，我們便能體驗到一種潛藏在一切創傷、一切「不適」（dis-ease，疾病）底下的安適與放鬆狀態。

最終，正是對這另一種存在領域的敞開讓我們得以超越痛苦，而這份敞開確實是對另一種意識狀態的預先品嘗。痛苦是小我意識狀態的一部分，在那種狀態下，我們視自己爲分離的。從那樣的意識狀態出發，我們生命中點點滴滴的痛苦時刻都將受到錯誤的詮釋，導致我們的分離與孤立感變得更加強化。這也就是爲什麼許多人年紀漸長之後，就越容易感到孤立與分離。當我們局限在這些小我的觀點時，生命中有太多事情能被小我的意識狀態輕易詮釋爲一種證據，證明我們其實很孤單，證明痛苦其實無法完全結束，或無法眞正解除。但是，若能放棄我們想要控制、解釋的需要和欲望，並不再相信頭腦告訴我們的關於過去與當下的所有故事，那麼，我們就擁有了對全新的意識狀態敞開的能力。

剛開始，它僅僅被體驗爲一種靜定的狀態、一種覺醒狀態的預先品嘗，其中，臨在會開始呈現它自己。如果你讓自己放鬆地進入這靜定之境、這份寧靜，你會開始見證這份臨在的升起。一開始，這看起來會很隱微，但其實正在發生的是：你正開始觸及一種全新的意識狀態，一種浩瀚無邊的狀態。如果你能留意，能充分覺知到這份內在的臨在與定境，甚至在活動當中也能這麼做，你便是允許自己對這份剛開始萌生的浩瀚無邊越來越敞開，而在那裡，你就可以從分離的信念與經驗裡醒來。你會領悟到，自己是覺知的深邃泉源，一個永遠存在的廣闊內在空間，你只是必須對它敞開。

不要試圖理解，這只會讓事情變得困難，也不要去思考它，那會讓你和它相隔千里，只要停下來、去感覺它就好。停下片刻，呼吸，然後開始留意那個沒有困難的你、那份內在的臨在與定境、那個覺知的場域。每一次你的頭腦開始告訴你一些故事來解釋受苦爲何是合理而正當的、試圖透過這種方式讓你走偏，你可以選擇去看清楚它不是眞的。你可以開始去看見：其實我們並沒有任何正當的理由，讓我們與如是爭戰。這是一場不可能會贏的戰爭。在我們看見它全是想像的之前，我們也沒有任何脫困的方式。非常艱難的事情的確發生過，未來也或許還會發生非常艱難的事情，但是我們若能從敞開的狀態與它們面對面，我們會一點一滴地發現，我們擁有一種自己從來不認識的能力。我們會開始認識那個「在遭遇困難時，依然沒有困難的你」。我們會領悟到，縱使置身最深的悲傷與失落之中，巨大的幸福泉源仍在那裡。

6
內在的安定

生命中最重要的一件事之一，就是能夠找到一份「內在的安定感」，因爲它是讓我們以一種清楚而客觀的方式去洞悉經驗本質的基礎。除非我們能在生命中找到這份內在的安定感，否則我們永遠會被下一個經驗、下一件發生在我們身上的事，以及下一個遇見的困難或具挑戰性的人事物牽著鼻子走。然而對許多人而言，一份眞正的內在安定感，亦即包括情緒與智性層面的安定感，其實非常難以獲得。

針對這種安定感的一個貼切譬喻是：它就像是讓船保持平穩的壓艙物。每艘船的最底部都有壓艙物，讓船在遭遇風浪時不至於傾斜船身。它能讓船保持直線航行。對於人來說，這種壓艙物，或說內在安定感，是來自於我們對內在寧靜敞開的能力。正是透過這份內在寧靜、這份內在的靜定，我們才能發現一種安定感，好讓我們不再總是被頭腦、被我們遺傳來與養成的制約牽著鼻子走。

爲了找到這份安定感，我們必須以全新的方式傾聽，才能體驗到這份深刻的內在寧靜。這份寧靜不只是一個安靜的頭腦，不只是一個讓頭腦可以休息，而你不會體驗到任何情緒或感覺的地方，或是一個讓你聽不見或與外在世界沒有任何連繫的地方。相反地，那是一個讓我們所有的經驗都自然發生的地方。這是一種全然不同的寧靜。通常，當我們聽見寧靜一詞，我們會立刻想到頭腦的靜止，一個只想著好的念頭、甚或更好的是完全沒有念頭的頭腦，但那是一種相對的靜定，而所有形式的相對靜定都是轉瞬即逝的。你的頭腦可能會有一小段時間是靜定的，但它會再度開始移動。你的情緒可能會有一陣子感覺十分平衡、穩定，處於平靜的狀態，但是遲早它會起變化。

每一個經驗，無論是內在或外在的經驗，都會改變。**經驗的本質就是變化、活動，而這也就是爲什麼有許多人會發現，我們多多少少都有點失衡、不太平靜的原因**。整個世界似乎一直在起變化，一切都發生得那麼迅速，所以如果我們尋求的是一種相對的靜定、如果我們尋求的是讓所有的變化與活動都停止，我們永遠會感到挫折，因爲這種靜定是非常難以捉摸、難以維持的，隨時都可能溜走。

與其試圖透過緊縮或隱藏來控制頭腦或環境，以找到這份內在的靜定，我們必須讓感官徹底開放，去傾聽、去感覺、去看，變得非常開闊、廣大。**我們要歡迎所有的經驗，包括所有發生在內在或外在的經驗。當你歡迎所有的經驗進入你的覺知當中，就會有一種靜定開始自然而然地浮現。**我指的這種靜定，與敞開面對所有經驗的能力有直接關係，而非只是面對那些愉快、舒適的經驗。雖然你的頭腦非常忙碌，但若能放下對頭腦太忙碌這件事的批判，儘管置身忙碌當中，那份靜定依然會在那裡。同樣地，如果你對外在情境，也就是你的世界的嘈雜或紛亂，能夠放下批判，甚至只要一下子就好，那份眞實的靜定也會在那裡。而當我們來到了這份內在的靜定與內在安定，我們一己存在的情緒部分便打開了。唯有到那時候，我們才會開始領悟到，許多的不安定都是因爲我們持續與正在發生之事爭辯的結果。

然而，讓事情單純地如其所是並不是我們所受的教育。我們在許多方面都被教育要與如是持續衝突、持續爭戰。我們被教育說，要找到快樂或平靜，就永遠必須試圖改變如是，無論是改變你的內在經驗，或者是改變你周遭的世界都好。從這樣的觀點來運作時，我們會有一種未來感，其中眞正的自由或平靜只能在有別於當下的其他時間裡找到。這造就了我們一個根深柢固的信念，認爲要找到平靜與自由，就必須改變自己的內在或外在環境。

告訴自己、告訴生命，說它不應該是如其所是的樣子，這簡直是一種瘋狂。這種瘋狂讓我們不安定。它有一點像是走到一面牆之前，告訴它說它不該在那裡，然後卻持續朝著它撞過去。每次你一頭撞去的時候，你就批評這面牆不該在那裡，然後下次你又再度一頭撞去。然後，你又說它不該在那裡，而且為了碰撞的痛楚而責備自己。不斷地與如是爭辯、認為它應該不一樣，這是一種瘋狂。這就是我們一再與生命產生碰撞的原因，我們總是感受到那份內在的摩擦，而如此我們永遠無法找到自己所渴望的內在安定。

敞開的心

在我們真正能夠將感官打開，找到內在安定之前，我們必須了解把心（mind）敞開到底是什麼意思。「敞開心胸」這個詞真正的意涵是什麼？我們都聽過「敞開心胸」是件好事，但是卻很容易將敞開心胸這個概念變成另一個要達成的目標，彷彿它是什麼自我改善的新計畫、必須達成的另一件事。

當我開始看見自己竟與那些其實已無可動搖、不可改變的經驗和發生之事爭辯時，敞開的心自然而然就出現了。當然，下一刻可能會很不一樣，再接下來的一刻也可能很不一樣，但是這一刻正如它所是、過去的任何時刻也都如其所是。這是一個非常簡單的觀念，卻非常難以消化，因爲它與我們所受的教育實在太矛盾了。傳統世界觀涉及的是一種持續評估與下判斷的狀態，我們甚至會因爲有能力辯論與評斷而受到讚美。我們不斷對自己說應該怎樣、不應該怎樣，還有我們喜歡什麼、不喜歡什麼。

我們一打開門，外面在下雨，然後我們可能會說：「哦，我的天哪！好討厭下雨！今天不該下雨！下雨天眞討厭！」在那個當口，我們就是與實相作對。實相單純地就是在下雨，那才是眞實的。如果我們與它爭辯、如果我們對它下評斷，就是與生命不和。我們以各種無意識的方式被教育說，如果我們不與如是爭辯，就是沒有善盡身而爲人的責任。

但是，持續不斷地評估、評斷當下和過去的如是，造成了什麼影響呢？這對我們個人和集體，造成了什麼樣的影響？這眞的帶領我們找到了平靜嗎？這眞的帶領我們走向了清醒嗎？最重要的是，這是眞的嗎？這一刻應該和如是的它不一樣——這確實是眞的嗎？過去應該和如是的過去不一樣——這確實是眞的嗎？當我們開始敞開心胸，我們會開始看見：這種持續的評估狀態其實帶領我們走向了痛苦。唯有當我們能夠清楚看見這一點，我們才有能力放下它。

當我們的心開始敞開，我們便不再處於持續評估與下評斷的狀態了。那麼，自然而然地，我們的感官也敞開了，於是，我們可以眞的去看見自己眼前的東西。我們的雙眼會以不同的方式打開，我們的聽覺會以不同的方式打開，我們的情緒敞開了，我們的心靈（heart）也對整體存在敞開。我們會看見，**下評斷與譴責事實上會讓我們的心封閉，讓我們在面對生命和他人的經驗時變得僵硬、冷酷。一個敞開的心讓你能夠擁抱你的經驗本質，但這不表示你必須喜歡你的每一個經驗，還是有痛苦的經驗，也有令人不愉快的經驗。敞開心胸不表示你只對生命那些好的部分敞開，而是表示你對萬事萬物都敞開。**這就是你會開始發現一種內在靜定的時候，那是一種內在的安定，是存在於萬物之心、浩瀚而不變的開闊空間。

生命的神奇特質

與這份靜定、這份內在的安定相遇，並非來自於多麼努力去成爲靜定的，它是我們在任何時刻對生命敞開時自然出現的。這是一種具包容性的靜定，一種擁抱一切萬物的靜定。我們不再將生命視爲一個談判不斷的戰場，而是能看見整體存在與生俱來的某種神奇特質，有一種神祕的恩典充滿著萬物。然而，它之所以神奇，並不是因爲它以某種特定方式展現，我所謂的「神奇」，是指一種驚奇感與深深的滿足感，因爲生命本身就是如此的一個奧祕。它不會以我們認爲它應該的，甚或我們想要的方式來展現。如果我們能放下自認爲它應該如何的想法，生命就會開始展露它的神奇特質。

在本質上，我們落入了恩典的懷抱。我的意思是，某種神祕特質展露了它自己，以它和一切存在的親密無間撫育著我們。這正是許多人在自己都不知道的情況下苦苦追尋的東西。幾乎每個人都在追尋親密感，那是一種密切性，與自己的存在或與神合一的感受，或是任何他們所認爲的更高存在合而爲一的感受。這一切的渴望實際上是來自我們對緊密性、親密感與眞正合一的渴望。

當我們如此對生命敞開，會開始找到一種內在的安定，因爲我們不再與自己的經驗作對了。不管什麼時候，每當我們與自己的經驗爭辯，就是在與生命爭辯，我們可以自己看一看，看它是否眞的帶領我們走向了平靜、看它是否眞的有道理，或其實是帶領我們走向了紛爭與衝突。然後，我們會開始發現一份寧靜，而且我們在這份寧靜當中發現了一片堅實的根基，它非常地穩固，有一種回家的感覺，一種「啊！我終於和當下發生的事和諧一致了！」這就是神奇。這就是帶來內在平靜、平衡與安穩的東西，而我們只能在這份寧靜之內，發現這份眞實的安定。

持續的靜心狀態

隨著我們開始看見與生命爭辯是一種瘋狂形式、看見小我意識如何讓我們持續受苦，我們與一己世界觀之間舊有的關係就可能開始出現裂縫。我們對快樂的參考值不再來自外在世界了，甚至也不是來自某種特定的內在經驗，有一種自然的安適與快樂存在，這純粹是因爲我們已經完全向如是的一切敞開心胸了。

對事物的如是樣貌敞開，正是變得靜定、安靜、處於靜心狀態的意義所在。你若能不再抗拒如是的實相，便能停留在持續的靜心狀態裡。我們在此談論的不僅僅是沉思的片刻或平靜狀態，而是一種改變我們與生命關係的方法，如此一來，我們的經驗所根據的就不會是衝突、評斷與持續的評估。如此一來，靜心就變成一種滲透生命每一刻的東西。

這種內在的安定是如此重要，因爲沒有了它，就眞的會缺乏清晰。除非我們從一個安定的觀點、一份靜定的感受來看，否則便難以清楚看見經驗的本質、生命的本質，並且了解個中道理。如果我們內在沒有安定，生命可能會令人非常迷惑、充滿威脅，而且荒誕不經。這種迷惑其實與生命無關，而是關係著我們自己與生命的衝突。衝突並不是整個整體存在所固有的，整體存在就只是如其所是。**衝突只源自我們與生命的關係如何，而內在衝**

突只源自我們與自己的關係如何。

因此，與其說我們需要改變自己，不如說要改變的是我們與一己經驗的關係，藉著這種改變，我們對衝突的看法將自然而然地自行脫落。這是眞正能夠讓我們敞開心去迎接平靜與眞實，並能夠清楚去看見的唯一一件事。最終，那就是靈性自由的眞諦：對如是之自己、如是之生命的單純看見。要讓那發生，我們所要做的就是開始去看見——我們與整體存在爭辯的各種方式，雖然有時看似非常合理，實際上只會帶領我們走向痛苦與衝突。

然而，倘若我們能全然與如是同在，情況又會如何？許多人會疑惑，如果每個人都能放下、不再與一己的經驗爭辯，那會怎麼樣？看看這世界，人們經常說：「我的天哪！我們所創造的世界混亂至極：有飢荒、有衝突，地球上到處都有人置身絕望與痛苦的深淵，我們不能接受它如其所是的樣子。我們沒辦法就這樣敞開擁抱它，如果我們這麼做，情況永遠不會變得更好。」一方面來說，這樣的顧慮似乎完全合理，但是讓我們捫心自問以下這個問題：「與如是處於衝突立場，能帶來實際的幫助嗎？抗拒事物如其所是的樣子，眞的對當下的處境有幫助嗎？」不斷告訴自己「這事必須改變！我必須改變這件事！」眞的有幫助嗎？我們想要改變自認爲不對的事，這看似合情合理，但是如果我們的思想與心胸是敞開的，便能憑直覺知道，眞正的療癒或改變並非來自這樣的觀點，而且這樣的抗拒永遠無法促成我們想追尋的眞正的蛻變。

我所說的不是要緊閉心門，或去否認生命遭逢的苦難。靜心不是對生命或周遭環境關起門來，有許多人誤以爲是那樣。它眞正的內涵是放棄我們對生命的抗拒，這其中有極大的差別。在這種持續的靜心狀態下，我們停止抗拒，受苦便會自然而然地結束，然後我們會發現一些全新的、充滿創造力的方式來處理生命帶來的挑戰。

雖然我們一直在探討以接受生命的完整性作爲一種靜心，我也想簡短地說明一下靜心的實修這個主題，因爲它牽涉到我一直在談的內在安定的培養。**靜心最爲本質的一部分，也就是靜心的眞義或功能，就是放棄控制**。每天撥出二十或三十分鐘的時間處於靜定狀態，是非常有益的。你可以在正式的靜心時段裡靜坐、在房間裡獨自靜坐，或者到樹林裡漫步，不說話也不用頭腦，這些特別撥出來冥思的時段，可能可以發揮強大的效果，對大多數人而言，這確實很重要。這些時刻讓我們能制心一處地專注於自己的經驗，讓我們獲得一些瞥見，看見自己放下試圖控制並評斷頭腦生起的種種念頭時，會發生什麼事。

就這個意義而言，靜心著實是一種發現的狀態。安坐於寂靜、定境之中，單純處於敞開狀態，這爲你帶來一個清楚去看見的機會，看見自己停止評斷自己的經驗、停止批評頭腦太過忙碌，或停止批評自己擁有某種感覺時，你的內在會出現什麼樣的變化。你不試圖擺脫感覺、不試圖擺脫頭腦，你只是單純地放下你的評斷。你放下了試圖控制這一刻的欲望，在一小段時間裡，你臣服於如是。

在這些靜定的時刻，無論是正式靜心時段或其他方式都好，我們放下了自己與如是的衝突。這就是靜心的真正意義：放下我們與生命的衝突，放棄與眞實自己的掙扎與爭鬥。透過如此的安歇，我們得以進入一種無抗拒狀態，在那裡，我們會在那段短短的時間裡品嘗到，不帶評斷與衝突地活著是什麼滋味。有了這份基礎之後，就更容易隨時提取這些靜定時刻，並且放下我們對生命擁有控制權這個幻覺。

遭逢挑戰時，我們特別容易受到制約而與生命發展出衝突的關係，我們會習慣性地評估、判斷、努力控制特定的生活處境。但是，如果我們曾經嘗過放下的滋味、曾經體悟過試圖控制終究徒勞無功的滋味，我們就能更自然地對一己經驗發展出更開闊的觀點，甚至包括最困難的經驗。如此，生活本身就成了靜心，與整體存在的新關係也將順利展開。

靜定即衝突的不在

從小我的觀點來看，放下然後落入我所說的靜心與靜止狀態是件很恐怖的事，因爲在我們的想像中，這麼做會引發某種混亂——整天坐著什麼事都不幹，不再投入生活、不再是生命的一個活躍的參與者。我們會擔心有另一種不同的衝突會從這份靜定浮現。這就是小我所做的假設。

但是，如果我們能將這種假設擱置一旁，實際去檢查自己放下對生命的抗拒時，**眞正**發生了什麼事，我們可能會對呈現的一切感到訝異。當我們不再對眞正發生之事關閉心門，甚至能夠對痛苦敞開心門，到底會如何？當我們不再告訴自己「這必須改變！」到底會如何？無論何時，眞相都是：事情就是如其所是。如果這種相信事情應該有所不同的信念，眞的爲我們的生活帶來蛻變與永久的改變，那就沒什麼好說的了，我們已經找到辦法了。但是，如果我們好好看看當前發生的事，會看見抗拒如是並無法眞正地永久改變一件事。與正在發生的事、甚或與痛苦作對，就是在維繫它、讓它繼續下去。

事實上，反對本身就是受苦的一種形式。它是否認內在那一份靜定。因此，當我們眞正去檢視放下評斷、痛苦、衝突、仇恨與貪婪，當我們不再批判它，說它應該或不應該在那裡時，我們內在又會發生什麼事？我們會關上門、緊閉心扉、拒絕生命嗎？那眞的是當我們擁抱如是的生命時會發生的情況嗎？我會說有別的事發生，一件與小我的期待天差地別的事。若我們不再下評斷、不再抗拒生命之流，眞正發生的情況是，我們與一切現起的事物形成了一種自然而清楚的關係，而且進入了和諧一致的關係。

在這個和諧狀態下，我們所產生的觀點並非我們所期待的觀點，它不是來自小我那個恐懼之處。小我以爲，我們在這種不抗拒面前，會變得對一切事物漠不關心，也不在乎。但事實上，有件特別的事發生了。我們非但沒有不關心，反而與當下所發生的一切進入一種更爲深刻、更爲親密無間的關係。我們變得深深地與之相互連繫。我們發現，自己在置身他人痛苦或自身痛苦之際，能以非常親密無間、非常純粹、毫無抗拒的方式與之連繫。這在我們內在開啓了一扇門，讓我們有能力做出截然不同的回應，一種不再以反對爲基礎的反應。這份親密無間與靜定，反而引導了我們做出極爲精確有效的行動，一種源自內在與生命、與他人深刻連繫的參與行爲。這種反應不是立基於重複，而是立基於完整與「一」。倘若我們能不從衝突、分裂與抗拒來回應，具體呈現的將是來自那份親密無間、靜定，以及與眞實連繫的純然慈悲的行動，以及有智慧的行動。

在靜定之中，一個人靈性發展的各個不同面向會匯聚在一起，由於它是來自一種靜定狀態、無衝突狀態，我們較深刻的發展就能夠發生。這個空間是自然的靜定，所謂「自然」是指我們不需要努力變得靜定。我們只是了解到，唯一一件阻礙我們變得靜定的事，就是與如是爭辯，就是下評斷或譴責當下的如是、過去的如是，或未來可能是的。這是我們製造混亂的唯一方式。內在的靜定只不過是衝突的不在罷了。

無論是內在或外在，製造衝突的最大來源就是我們上癮似的不斷詮釋、評估我們每一刻的經驗。當我們持續不斷地批判、評估，就與當下發生之事分離了。我們會覺得與自己的經驗有一段距離，因爲現在，我們已變成了當下那一刻的評論員、已經不再與整體存在和生命之流合一了。然後，我們會發現自己的行爲很像一個體育評論員，猛對著自己的生活發表評論，而且是在沒有實際參與比賽的情況下發表評論。每當我們下評斷，就變成了自身存在的局外人了。

我們這種爲了走出實際經驗之外而狂下評論的衝動，在新聞節目裡比比皆是，節目其實只播報了極少數的「新」聞，反而充斥了不斷詮釋、評估、評論的名嘴時段。其中的概念似乎是：如果我們能讓兩方處於對立立場，各自爲自己的觀點爭辯、辯論，似乎就能獲得一個更廣闊或更完整的眞相。然而，事情通常不是如此，相反地，這通常造就了一個衝突更大、更不清晰、更爲堅固的信念系統。我們所追尋的「眞相」，也淪爲了另一套受制約的思想、信念與意見。

即使是最隨意的對話，也有這種變化模式。仔細觀察自己與他人的對話，還有你與身邊的人的談話，你可以看見，我們以各種方式在評估、詮釋我們生活上的人事物。如此，我們其實就像電視上博學多聞的名嘴，離靜定越來越遠，卻離衝突越來越近，而且可預期的是，這將帶來更多的緊張、更不清楚的眞相。

一己存在的另一個領域

我們若開始與生命如是的樣貌相會，而不是以我們認爲它該是的樣子，我們若能放下想要控制並持續詮釋一己經驗的需求，我們將能夠以一種嶄新的方式對生命敞開。我們會變得深深根植於寧靜，而這份寧靜的本質就是與生命無所衝突，而且我們越能夠對這種非衝突狀態、這種內在靜定狀態敞開，就越能夠墜入恩典這一存在的另一個領域之中，這個領域深深根植於與我們生命自身的親密性、與存在本身的親密性。

如同我稍早提過的，要進入這個全新領域，部分條件通常在於讓我們慣常看待生命的架構出現一些裂縫。如此我們會開始覺察到，有一些光線可以從這些裂縫射進來，照亮我們的經驗。當我們看待現實那受制約的舊有觀點崩解了，神奇而奧妙的事會自動展現，某種完全清新而迥異的東西進入了。情況就好像這種看待事物的新方式一直都在那裡，我們只是接觸不到它。這種新發現的感知就是恩典，我們在其中接受並且體驗到某種東西，它超越了我們慣常看待生命的方式。

透過這份恩典，我們受到這個新領域、這個新的感知方式的牽引就會越來越強。從小我的立場來看，在這些具有強大蛻變力與啓發性的經驗當中，我們會感到遲疑甚或恐懼，因爲我們讓自己封閉在內的那個概念世界開始崩壞了。雖然這些看待世界的慣常方式有很大的局限，而且令人挫折重重，但它們畢竟是我們熟悉的東西，它們一直是我們的一個家。我們憑著直覺知道，我們已經啓動了一個過程，要超越從前看待世界的方式。這好比從夢中醒來，突然間，我們豁然開朗，領悟了我們看待一己生命的方式充其量是一層模糊了實相的薄紗。

存在的這一個領域豐美無比、意義非凡，我們無法用頭腦來形容它或理解它，只能感受一種浩瀚無邊的開闊感與價值，某種意義深遠的東西。品嘗這個嶄新領域的滋味，就是恩典時刻，而這些時刻會讓我們朝著實相漸行漸深，讓我們在內心深處清楚地感知到萬事萬物本質上皆爲「一」，我們確實全部被連結在一起，成爲一個整體。

從我們概念性的世界觀來看，「一」純粹是個想法，但是我們一旦開始受到牽引而進入這個新的存在方式，「一」便不再是一個構築在思想上的觀念，而是一個與我們生命的每一個面向皆親密無間的、眞正被活過的經驗。即便是生活中最庸俗、最平凡的事物，包括人、事與環境，在這樣的內在連結下都化成了透明的。眞正發生的是，我們將無時無刻都在生命裡看見神性的面貌。

所以，這個一己存在的新領域到底是什麼呢？此時此刻，我們能否一窺經驗的如是樣貌？我們能否在現在、就在當下體驗這份恩典？請容許你自己去體驗那分離的、舊軀殼外的世界。看看那最平凡的事物，任何事都好。它看起來如何？感覺起來如何？當你不爲它命名、不說它是美或醜、是對或錯時，它感覺起來如何？任何事物在超越分離的薄紗之後，帶給你的眞實體驗是什麼？如果你非常非常寧靜，然後一次將你的感官全部打開，你可能會被占有。你可能會被恩典時刻所占有，體會到生命與你不曾分離、無有分別的眞正感受，這一刻，生命其實是那無以名狀的、奧妙的與浩瀚的一種表達。

7

親密與開放

「不知道」的價值，在我們文化裡是被低估的。多數人都受到制約而相信，「不知道」不是個非常有價值的特質。舉例來說，如果你在學校參加考試而不知道答案，你會焦慮不已，好像做錯了什麼事一樣，而且當你努力回想、想要去知道答案時，也會感到壓力重重。但是，在靈性探詢這個背景之下，我們其實必須放下努力想要知道的欲望，我們要放下概念上的確定性。

現在，你可以讓自己去體驗一種非常簡單的不知道的感覺——不知道你是誰或你是什麼，不知道這一刻是什麼，不知道任何事。**如果你送給自己這份不知道的禮物，而且跟隨這種感覺，一個浩瀚無邊的空間、神祕的敞開將會在你內在現起。**放鬆地進入不知道當中，很像是整個人放開來投入一張舒適的大椅子，你投入了一個充滿可能性的領域。

初次接觸這個不知道的領域時，你可能會覺得很脆弱，這個不確定的領域可能會讓你覺得赤裸裸的，彷彿你無法保護自己。你可以直接針對這一點提出探詢：你感到脆弱的那個你是什麼？它到底是什麼？你的頭腦會告訴你，這個感覺脆弱的你確實是眞的，是某種實際存在的東西，但是如果你仔細檢視它，會開始看見它只不過是個想法：「我是脆弱的。」它是一個基於記憶而形成的想法。我們每一個人在成長過程中都有一些感到非常敞開、袒露的時候，在那樣的時候，某人可能曾趁機占我們便宜、猛烈批評我們，或說我們是錯的。於是我們學到了一件事——敞開自己可能不是個好主意。

多數成年人對小孩子的敞開與純眞都非常不敏感。身爲孩子時，我們那天生的脆弱性若遭到冒犯，就會留下一個印記，一個受傷的記憶，這會導致退縮。這類的記憶通常會緊跟著我們，造成我們做出這樣的結論：「如果我讓自己太敞開、太脆弱，我可能會受傷。我眞的不應該這樣。」然而，無論我們是否有意識地向脆弱敞開，脆弱總是存在的。用自我形象和其他關於我們是誰、是什麼的概念武裝自己，並不會讓我們受到更多保護。事實上，武裝自己的一切努力根本不管用。

當我們武裝自己、向自然的那份敞開與脆弱關上大門，我們是在保護什麼？我們是在保護一個實際存在那裡的東西嗎？或我們只是在保護一個關於自己的概念、一個只存在記憶裡的東西？如果敞開與脆弱的感覺在當下觸發了一個記憶，只要容許那記憶及其伴隨而來的情緒生起吧！但是，要以它如是的樣貌來看它、感覺它：它是一段在當下、在現在這個空間重現的記憶。倘若你知道那只不過是一段在這個敞開的空間被觸發的記憶，那麼你會明白，它不是一件現在正在發生的事，而是過去的現前。現在，它已經不那麼嚇人了、威脅也沒那麼大了。舊有的記憶浮現沒有關係，它們本身不會構成任何問題。

純粹的親密與空闊的存在

當你越來越習慣於放鬆進入不知道的空間，你會注意到你和自己越來越親密，儘管你不知道自己到底是和什麼感到親密。我們通常會以「我和什麼對象感到親密」這樣的角度來思考親密，這種見解假設了「我」與「和我親密的對象」之間的分離，那並非從不知道的敞開空間裡生起的親密。從這份敞開的空間所生起的親密是**純粹的**親密。它不是與一件什麼事物親近，而是一種與經驗的每一個部分、與生命本身絕對合一的感受。

數百年前有位名叫道元的偉大禪師，他對開悟的其中一個定義就是「與萬物的親密」。當然，在他的教法脈絡下，「萬物」指的就是一切事物。因此，當我們對這個不知道的空間敞開，會開始感受到與一己經驗的每一個部分產生眞正的親密感。距離感開始消退，在不知道的領域之內生起的，是一種臨在感，那是件十分微妙的事。我們開始碰觸到某個沒有疆域、沒有圍籬、沒有定義、沒有邊界的東西。我們觸碰到某種浩瀚無垠的東西。

這個不知道的空間有一個最主要的特質，就是它是覺知的，有一份完全自然的覺知或意識湧出，盈滿了經驗的全部。覺知只是意味著對你所體驗到的任何事有著純粹的感知。那份未知本身就是覺知的、本身就是有意識的。藏傳佛教稱呼它爲「自性光明」（self-luminosity）。我們是誰的最深奧實相，就存在於這份自性光明的、自知的、覺知的敞開空間之中。換句話說，眞正的我們知道它自己，它知道它自己是一片未知領域、一個開闊無邊的存在。它不是一個無意識的存在空間，它是擁有了知的開闊空間。

只要容許自己在內心深處與情感上和這份開闊無邊的存在相互連結，你便可能會看見這個未知的開闊空間、這個純粹的覺知領域，其實是最爲本質的眞正的你。它是那永遠存在、永不改變的那部分的你。一切的發生都會來到這個覺知與純粹存在的領域之內。如果你讓自己去感覺它、覺察它，你會看見這個深奧的未知領域一直與你同在，在你的生命中，它沒有一刻是不在的。

充滿活力的未知領域

雖然這不容易領會，但重要的是要了解：這份不知道的內在狀態並非一個死去的或無生命的所在。有時候我們在形容它時，人們會合理地詮釋我說過的話，以致於認爲人們的目標就是不知道任何事。我不是眞的在說：「永遠不要知道任何事，」那簡直荒謬！生活上有許多事若知道了會十分有幫助：我們必須記住自己的名字、必須知道我們把車鑰匙放到哪兒去了，必須知道各種資訊，才能順利度過一天、完成我們的工作。我要說的不是這種相對的、實用功能的知道是個問題、必須把它忘記。這種知道與未知的廣闊領域並不衝突，無論你需要知道什麼、何時需要知道，它就會從那領域生起。

這種實用功能的知道，不會因爲你對未知的深邃泉源敞開而有所消滅。從我們一己存在的核心生起的，是一種截然不同的了知，不是頭腦自己創造的那種知道，或那種演變成綿延不絕的信念、想法、意見或觀點的知道。這種知道的新方式，就是我們在談到「洞見」或一種直覺性了解時所指的知道。這種清楚看見將帶來一種看待與使用頭腦的新方式，也就是我所謂的「靈感型思考」。

靈感型思考是由內在的覺知生起的。從這個寧靜的空間裡，你才能接觸到一種新的思想。靈感型思考其實是未知的一種表達，你無法控制它，也無法用你的意志命令它做這做那。大部分的人都鮮少體驗到靈感型思考，它不是我們每一天都會體驗到的。但是，我們卻有可能越來越頻繁地體驗到它，直到它成為我們過生活的常態為止。

生命要求回應

我們誰也不知道下一刻會發生什麼事。無論是任何時刻，我們都不知道它會對我們提出什麼樣的要求。除了這一刻，也就是此時、此地之外，我們眞的什麼都不知道。但是，有件事我們是相當確定的：下一刻會和這一刻有些不同，生命起起伏伏、變動不居，而且非常難以預料。生命一如海洋，有時候無風無浪、平靜輕鬆，而有時候是粗暴而且充滿挑戰的。

因為生命的本質就是不確定與持續的變化，不會遵照你對預期和控制的需求而改變，而我們無法想像自己如何實際地從這個覺知的深廣空間過生活。我們的頭腦無法想像以如此敞開而無根無底的方式過生活，因此經常發生的是，當我們開始接觸到一己存在那更深的根基，接著某件事發生了，我們又被拉了出來——小孩在哭鬧；你要去上班了；有人打電話給你說有急事找你；你發現一個朋友或同事有點心煩意亂，所以你也受到影響而引爆了一場爭論。如果我們在這種類型的處境下喪失了覺知、如果我們變得無意識，那麼就會從存在的根基被拉扯出來。我們很容易會立即進入頭腦，然後開始從思考的立場來看世界。生命充滿了挑戰，因此它也對我們每一個人提出了一個要求，它要求一個回應。

我想要介紹一個古代禪師說過的詞彙，我真的很喜歡這個詞。他將這個不知道的空間稱爲「爲無爲」。在這個空間裡，「沒有作爲在發生」，這意思是我們不跳回頭腦，展開各種作爲——製造信念與想法等等。爲了更清楚地說明這一點，他強調的是「爲」這個字，而不是「無」，以說明這個存在領域確實能化爲行動、作爲。爲無爲不是指整天坐在山洞裡或賴在沙發上，逃避生活上的事情，**它指的是一種非常清新、有創意的回應生命的方式，一種直接從不知道的實相生起的自發性行動**。

那麼，我們要如何開始從這個不知道的狀態回應生命呢？我們要如何在不回到頭腦迷陣的情況下做出回應呢？我們要如何在不再度陷入慣性行動與反應模式的情況下做出回應呢？這是個相當深奧的問題：我們要如何**爲**無爲？我們要如何活出我們一己存在的深度？

有智慧的行動以及與思想最自然的關係

身而爲人，我們多數的重大挑戰皆發生在關係領域。我在談論這個主題時，指的是所有的關係，關係的整體。最重要的關係就是我們每個人與當下這一刻的關係。身爲不知道之覺知泉源的我們，與當下的關係本質爲何？它是單純地允許當下如其所是，它是允許當下生起的一切如其所是的空間。事實上，這正是爲何發生的一切單純地如是發生，因爲一己存在的深度容許它如此——不是我們的覺知選擇讓它發生，而是因爲眞的別無選擇。

這個理由很簡單：我們所是的這份純粹覺知，與發生的一切並非分離的。我們所能想像的萬事萬物，包括頭腦裡的所有形象、所有想法，我們所有的經驗，以及人類製造痛苦的各種方式，這一切都從那未知的深邃泉源生起。其實，一切事物皆是它的表達。換句話說，存在的根基與從中生起的無數表達之間，是不分離的。從存在根基的觀點來看，它與當下的關係就是如此，因此它永遠不會改變、轉換或操控那所是的。

如果單純地接受如是的當下而不做任何事，故事就結束了，那會是件非常美好、美妙的事，但每個人都知道事情沒有那麼簡單。我們也必須回應每一刻、必須行動，那也是關係的一部分。我們發現自己必須做出回應，對環境、對周遭事件與情境，以及他人做出回應。這其實才是眞正能夠檢測眞假虛實之處，也是我們最能清楚看見自己對這根基的體驗有多深之處。我們有多麼徹底地回歸靜定？我們會明白的是，沒有什麼能像日常生活裡的關係一樣，能透露我們所處的位置，而且以第一手的方式透露出我們了悟的程度。

因此，檢視過我們與當下這個基本的關係之後，我們開始慢慢走出一條出路。如同我們所見，有時候思考、清楚地思考非常管用。不過，眞相是我們對思考些什麼其實並沒有太多的控制權。無論我們想不想要，想法都會出現。顯然，我們必須思考，很多時候我們必須使用頭腦，特別是當我們與別人相處時。於是問題來了：什麼是與想法之間最正確，或說最自然的關係呢？

從這存在的根基來看，我們看見的是：我們其實不能依賴想法來告訴我們何謂究竟眞實。在這較深層的覺知裡，我們使用語言和思想的方式變得更加靈活，因爲我們不必保護自己的想法了。我們不需要再宣稱自己的信念了，其實那充其量是盛氣凌人的想法。換句話說，我們說出腦中浮現的想法的方式、我們溝通的方式，都在較輕鬆的情況下進行，因爲我們很清楚，實相是從超越頭腦之處生起的東西。如此，思考成爲一種表達自己的方式，而不是一種手段，被用來要求現實成爲我們認爲它該是的樣子。

想法、語言與溝通，這些都是表達自我、表達深刻本質、創造力、才能與智慧的美好方式。**若我們能眞的知道自己所想或所說的一切並非究竟眞理，那麼溝通會變得比較像一場舞蹈、一場遊戲，因爲我們不必非贏不可，也不必在溝通過程中一定要對或一定要正確。**當我們領悟到自己所想和所說的並非究竟眞理，那麼我們所想和所說的，永遠都可以去適應當下這一刻。事實上，這正是所謂「有智慧的行動」：由智慧而生，而且與當下這一刻保持和諧的活動、話語和關係。做出改變並且配合每一刻的正是行動。一刻接著一刻，每一刻都需要不同的回應。每一場對話都需要你說一些與上一場對話不同的東西。

有智慧的行動事實上就是我正在這裡實踐的。我使用觀念、想法、思想來表達一種超越它們的東西、爲某種超越它們的東西賦予聲音。只要我了解自己試圖溝通的其實是超出話語之外的東西、是話語的靈感泉源，那麼我的思想和話語就會變得比較輕盈。所以，我溝通的方式會較爲透明，意思是說我在此表達的話語和想法，是開放給任何讀者做回應的。終究，當我們爲溝通注入有智慧的行動，那些和我們有關係的人會更容易清楚地了解我們。

以這種透明的方式來關聯與溝通，聽來或許是件簡單的事。不被想法所困，或克制自己不利用它來捍衛自己、爭論或說服別人，無論如何都聽起來十分簡單。然而多數人的體驗卻沒那麼輕鬆，至少在探索的一開始是如此。眞相是，多數人並不習慣以這種輕鬆、開放的方式進行溝通，反而經常太過於認定自己的想法、信念以及意見是輕鬆與開放的。如果情況要求，我們是否願意並且能夠立即改變它們呢？

爲了在我們與他人的關係上獲得這種程度的輕鬆與自在，我們必須深度檢視並且靜心冥思思想的眞實本質，以及我們與其關係的眞實本質。**我們必須清楚看見自己被思考過程欺騙的樣子，看見自己在說服他人自己的信念與意見才是眞的時，其實是在利用思想欺騙他人。**

保持初學者之心

我們如何從一個輕鬆自在的地方、一個不設防且無需捍衛的地方來溝通，而且願意隨著看法的改變而改變呢？這在理論上可能說得通，但是現實生活中可行嗎？我們眞的願意錯嗎？在那個當下，當實相現前，我們如何對它保持開放與純眞的態度呢？

我的老師過去經常說：「保持一顆初學者的心。永遠不離初學者的心。」因爲對初學者的心而言，有無限的可能性。他們是敞開的，任何事都可能發生。你願意敞開自己來學習任何需要學的東西，而如果你對某件事的觀點必須改變，你也願意敞開自己來改變。無論你對一件事已經看得多麼深入、你認爲自己知道得有多麼深入，都請保持一顆初學者的心，切莫變得頑固僵硬。無論你曾獲得的啓示有多麼偉大、無論你存在的最核心與最深處有多麼敞開，如果你保持純眞、保持著非常輕盈、輕鬆的頭腦，不將一己想法視爲眞理，那麼你的思想以及與他人的溝通過程將會自然而然充滿靈感。

我們都有過被他人利用話語作爲武器對付的經驗。從非常年幼的時候開始，有時我們父母會變得非常生氣、煩亂或沮喪，因而說出一些傷害我們的話。許多人都有一些深埋的受傷回憶、被他人所說的話傷害的情緒創傷。重要的不僅僅是要從一個不傷害他人的所在與人說話，更必須學習如何從這一己存在的深邃泉源、從這開闊覺知與未知的浩瀚空間、從一顆初學者的心來傾聽。

有一個片刻，你可能想要問：我們眞正傾聽過嗎？這是另一個看似簡單卻十分深奥的問題：我們眞的有在傾聽嗎？我們實際上有多麼常傾聽彼此？若仔細觀察，當兩人或更多的人在互相溝通時，我們通常會看見的是：沒說話的那個人只是在等待對話的空檔，好讓自己有機會再度提出自己的想法。但是，如果我們想要從一個充滿靈感的地方、一個有著內在平靜與初學者之心的地方進行溝通，那麼我們便不會利用話語作爲武器。即使他人以這種方式和我們說話，我們依然可以不被拉進他們話語的催眠裡。**當我們理解到話語並非眞理，人們對我們所說的、關於我們的一些事，其實是道出了關於他們自己，而不是我們，**我們就不會那麼擔心別人會對我們說些什麼了。而當你對某人說些什麼時，你其實也可以看見，在多數情況下，你所透露的事是關於自己多於別人，你透露的是自己的投射與想法。

人我之間的眞正親密

爲了與他人深刻連結，我們必須想辦法讓自己完全開放。我所謂「開放」（available）的意思，是對眞正的、眞實的親密敞開。多數人會說他們喜歡親密，他們喜歡親近，但要找到一個眞正想要親密的人卻相當不容易。我說的不是只有肉體上的親密，我說的是一種心理上的親密、靈性上的親密、情感上的親密，因爲若沒有眞正的開放，就沒有親密。當我們變得與另一人親密，無論是情人、朋友，甚或是在對話的陌生人，我們其實是毫無防備地向另一個人**敞開**自己，我們在做一件人類鮮少會做的事。

我們傾向於採取保護態度，讓自己躲在某座恐懼高牆的後面，而這恐懼的對象通常正是我們渴望的東西：親近、親密與合一。我們爲何渴望這些？因爲在實相中，我們其實是一，我們全都親密無間地相互連結在一起。因此，我們全都自然而然地被拉進這份合一與親密感當中，儘管我們同時也對它們感到害怕。由於童年的痛苦經歷，我們當時是如此敞開與脆弱，卻同時深受其苦，因此我們一直攜帶著那些強烈的記憶或故事，讓我們不斷在害怕。但是無論如何，我們都必須提起意願和勇氣來敞開自己，迎接眞實的關係，好讓我們能再度向眞實的親密敞開。無論是透過與另一人的關係、與環境的關係，甚或單純的與自己的關係，那份邀請都是：進入這份眞實的親密感、這份人我連結的深刻感受吧！

極少數的人能眞正與他們自己親密無間，因爲多數人都不曾眞的深入觀看他們是誰、他們是什麼的眞相。因此，當他們獨自體驗自己時，坐在房間裡或等公車的時候，就會出現緊張感或焦慮感。如果我們對自己的一切所知只是思想、記憶與認同的集合，就永遠會存在著焦躁不安的感受。這就是爲什麼多數人都很難獨處的原因：因爲當他們獨自一人時，他們被留下和思想在一起、被留下與他們的形象和想法在一起，而其中的形象與想法，對許多人來說都是相當令人難受的。

因此，再次強調，我們必須從進入自己的意願下手，花片刻的時間獨處並進入眞正的我們。唯有那時候，我們才有能力對彼此敞開，變得開放、親密、相互連結。我們必須願意面對任何可能出現在我們經驗裡的恐懼。

身爲靈性老師，我一再看見人們可能獲得非常深刻、強大的靈性啓示，甚至眞正對一己的眞實本性覺醒過來，然而同時，他們卻仍可能非常猶豫、甚至害怕進入眞正的人我親密關係。

與實相親密是一回事。事實上，與實相親密是相對容易的，你只要能掌握訣竅就行。一旦你掌握到與自己、與自己的未知在一起的訣竅，你會領悟到它其實一點都不難。那是一個放鬆的過程，而非掙扎的過程。然而，要對另一個人敞開和親密，可就沒那麼容易了，至少剛開始是如此。要做到這一點，需要擁有深刻的洞見與深度意願來對恐懼敞開，也就是有意願去看見你不想要敞開的那些部分。再者，我們還必須與整個情緒世界面對面，包括情緒保護與情緒的開放性。**透過關係，我們可以開始看見自己如何經常進入一種自我保護或退縮的模式，或進入不同程度的恐懼狀態**。雖然這種抗拒多半是受到思想的煽動，但是這塊親密與開放的場域是某種發生在深層情緒層次的東西。要成爲心胸開放的、成爲無念的是一回事，然而要眞正在情緒上敞開，是更深層次的東西，它能深深觸動我們的心靈與核心部分。它要求我們要有一顆初學者的心智，更重要的是，初學者的心靈。

與恐懼親密

我很想要說，有一種非常簡單，只包括兩、三個步驟的程序，能保證讓你在想要的時候獲得情感上的敞開與開放，可惜情況並非如此。雖然我們都想要如此簡單地獲得這份開放性，但我們可以從自身經驗得知，情況並非如此。關於情緒的敞開與脆弱，最重要的一件事就是要願意面對我們的恐懼，因爲我們的許多恐懼雖然是由頭腦與記憶所創造，但也深深駐留在我們的情緒結構裡。它們無法像我們拿掃帚在馬路上掃地一樣，隨便就被掃走。我們必須要有再度感受這份恐懼、感受這份遲疑、感受這份退縮傾向的意願——如果有的話，而且要願意深入其中、願意和恐懼變得眞正親密。當我們想到親密與關係時，與恐懼合一不是很多人會考慮到的事，但倘若你願意和你的抗拒合一，讓自己和它比你想像得更親近，你就會看見你的恐懼其實不是你的敵人，而是你的盟友。

多數人在生活上都體驗過恐懼，我也經常聽人說：「嗯，我知道我和恐懼很親密，因爲我強烈感覺到它。」對有些人來說，他們一開始與另一個人變得親密，就感到深深的恐懼。深層的恐懼有可能生起，在這種情況下，一個人可能會說：「嗯，我嚇死了！當然我和它很親密！」但是，即使你體驗到深刻的情緒痛苦、騷動，以及恐懼，你對這些經驗也可能並未完全敞開與親密。那麼，與恐懼、焦慮，以及阻礙一個人直接體驗合一的一些情緒障礙變得親密，到底是什麼意思？與恐懼的時刻變得親密，到底是什麼意思？

如同這個例子，有時候最好的做法是與問題一同生活，而非尋找一個答案。與恐懼親密是什麼樣子？它和映入眼簾的晚霞，或樹上的一片葉子，或孩子眼睛裡的微笑親密是一樣的。當然，情緒內容是不同的，它可能更嚇人，但是眞的，與恐懼親密的意義，和與任何其他東西親密的意義是一樣的——不再逃離它、不再試圖解決它、不再讓它變成你的問題，而是與它變得非常親近。「變得親近」的意思不是你要舒適地依偎著它。變得親近單純意味著你停止逃離了。你不必奔向它，只要停止逃離它就好。那麼，你會感受到一份親密感，你也可能會感受到一份抗拒，但是你可以選擇停留在那裡。

當然，你不會喜歡的。當然，你會退縮。那就是你的教育教給你的做法。那就是我們整個社會要求你必須做的事。甚至連你部分的大腦進化，都讓你一體驗到恐懼就產生逃離的衝動。如果你在野外的叢林裡，因爲有野獸想要攻擊你而感到害怕，那麼感受到這種迅速逃離的欲望就是件明智之舉。很好，你不是光會呆坐在那裡、光是有著與一己恐懼親密的意願，因爲那樣你很可能會被傷害、被殺死。然而，實際情況是，我們不是在叢林裡，而且通常我們體驗到恐懼時，特別是對敞開與親密的恐懼，那種恐懼和你在叢林裡體驗到的恐懼並不一樣。有趣的是，它感覺起來一樣，但它所要求的回應卻截然不同。當你提醒自己說，你正在處理的是頭腦裡的恐懼，你就會看見那是一種全然不同類型的恐懼。那是在你的一己存在之內製造出來的恐懼，而你無法逃離你自己。你跑得再怎麼遠、再怎麼快，都無法逃離自己甚至一寸的距離。逃離自己絕無可能，逃避你自己是毫無希望的。

所有人都覺得，而且是在一己存在的深處知道，在獨處時或在周遭環境幫助下感到敞開、自由與平靜是不足夠的。這些事很美好，能將自由的可能性顯示予我們，但是在一個更深的層次，我們都必須在關係的脈絡下表達出這份自由、敞開與親密。

終究，我們必須對全世界、對發生在世界上的一切，以及曾發生過的一切敞開心靈。我們必須對一切可能發生的事敞開心靈。爲什麼呢？因爲我們與一切事、一切人都是不分離的。任何你以爲和自己分離的東西，都可能會嚇著你、威嚇你。但是當你願意敞開心靈，甚至願意與你不喜歡的、令你害怕的人事物、令你害怕的處境保持親密，那麼你會找到一條路，讓你的存在核心得以透過它來表達自己。你可以將你存在的深度表達出來並且展現於外在世界，如此一來，內在與外在將不再分裂，我們的愛也不再有疆界。

想要表達出來的是什麼？

我想和你分享一個過去發生的故事，希望有助於釐清我談到關係時所謂的深度親密。在我大約九歲或十歲的時候，有一天我惹了一個麻煩，母親把我叫到房間，說：「等你爸爸回來吧！」大約一個小時後，父親下班回家了。顯然我做了一件非常蠢的事，父親進到房間裡來，就和那個年代的父母親一樣，我被小小打了一頓屁股，他從不會用力打我，只是點到爲止，讓我知道我眞的做錯事了。然後他離開了房間，留下我一個人。

大約五分鐘之後，他又進來了，坐在我旁邊說：「你知道嗎？我眞的很討厭這樣，我眞的很討厭進來這裡，然後打你屁股。我再也不要做這種事了。我就是討厭。」他還說：「我也討厭下班回家的第一件事就是管教你。這對我來說眞的很難受。我們以後不要這樣了，好嗎？」

我看著他，然後我們倆給了彼此一個大大的擁抱。那一刻深深觸動了我。我做錯了一件事，他應該進來給我一頓打，他也眞的這麼做了。但是當他離開之後，他卻能夠與他心底**眞正的**感受保持親密。當然，他下班回家時會想要擁抱我，告訴我他見到我很開心，但是，必須打我屁股這件事讓他深深觸及了那份強烈的失望感及其帶來的痛苦。他走回我房間，如此誠實、親密，而且願意與我分享他內心的一部分，這完全轉化了我們之間的關係，它是意義不凡的。

對我們倆來說，誰都不想再有這種感覺，所以我們達成協議，以後不要再有這樣的互動方式了。以這樣的方式彼此連結，讓我們走到了一個非常親近、非常親密之處。在那一刻，他不再當一位家長，我也似乎不再當一個孩子了。在那一刻，我已經長得夠大，可以與他相會、可以聽見他在說些什麼，並且從他的觀點來看事情。我了解到，以那種方式管教我傷害了他，他也不會再那樣做了。這是一次非常簡單的交換，但是對我而言，那是我與父親一次真正親密的、影響深遠的時刻，在那個時刻，他對我非常地敞開。在那份敞開當中，我們的整個關係才得以轉變。

我要和你分享另一個故事，在那個故事裡，我是那個對某種程度的親密敞開並且將它表達出來的人。不久之前，我在我的辦公室和一位在那裡工作很久的女同事說話，她的工作是協助處理一些我們製作的東西。她正在處理期刊，而我正在審閱。我檢查了一遍，然後對一些部分批示了ＯＫ之後，我們自然而然進入了比較輕鬆的對話。她開始告訴我她的體會，說她覺得自己所做的工作似乎不受到珍惜與重視。我讓她繼續說、繼續和我分享她的體會。

她說完之後，我安靜地坐在那裡好一會兒，然後我發現自己有一點困惑，因爲我在想：「哇！我記得，我對她的工作給予了許多肯定與讚美啊！」因此對於她覺得沒有獲得肯定這件事，我感到十分費解。接著，我開始試圖解釋我的感覺、我所觀察到的事，然後，就在第一個句子從我嘴巴裡吐出來一半的時候，我停下來了。我頓時領悟到，她其實不需要我再次告訴她我很珍惜她所做的一切，因爲那件事我可能已經做過不下數百次了，話雖如此，她還是說那是她要的，所以我領悟到，那不是她眞正需要的。在她表面所說的話底下，她要的是一個更深層的東西。因此，我發現從我嘴巴裡說出來的話是：「我眞正想要說的不是我很珍惜妳所做的事，而是我眞的愛妳。我眞的愛那個本來的妳、如是的妳，而不是只有妳所做的事。」

我一說出那些話，淚水就開始從她的眼睛湧出，然後我了解了，那才是她需要聽的話。我在想要爲自己解釋到一半的時候停下來，就在我停下來的那個當下，立即有一種來自眞正親密與眞正敞開的相會在內在發生。我停下來的時候，剎那間領悟到她需要聽的是什麼、她想要聽的是什麼、她想要知道的是什麼。我也領悟到一件確實爲眞的事情：我確實是愛她的。我愛辦公室裡的每一個人。我並非只是喜歡他們，珍惜並感謝他們，而是有一份深刻的愛與連結。她一聽到我說的話，有什麼東西變得不一樣了。那些話讓她發生了一些轉變，也讓我發生了一些轉變。

這些小小的例子，都是一些可能輕易朝別的方向發展的時刻。我父親當時本來可以不要回到房間，告訴我他的感受，要這麼做太容易了。我也可以輕易地說：「哇！我記得我告訴過妳我很珍惜妳、很感謝妳至少一百次了。」我原本可以這麼說的，而且這些話裡面甚至也有些眞相的成分，但是它卻不是那個當下的眞相。它不是代表那需要的、想要被表達的眞相。在這兩個例子裡，都存在著一份意願，願意停下來感受那眞正想要獲得表達的是什麼——前者是我父親的部分，後者是我的部分。我們若能這樣停下來，就能與自己的經驗進入一個非常深刻的親密關係，我們也和那眞正想要獲得溝通的東西變得非常親密。我們所連繫上的，不僅僅是那**需要**被溝通的，而是那眞正想要被說出來的，它源自內心最深層的、一個不設防的所在。

8
痛苦的終結

有一件事我想要徹底說清楚：如果我們想要停止受苦、如果我們眞的想要讓痛苦結束，就必須醒來。「醒來」的意思是對我們一己存在的眞相醒過來，也表示從種種的幻覺裡醒來。

眞相是，醒來可能是個引起煩擾的過程。有誰想要去發現自己信以爲眞的一切只不過是裝滿一整個口袋的幻夢？有誰想要去發現自己緊握不放的、一心執著的東西正是讓他們受苦的原因？有誰眞的想要去發現，我們全都對一些例如肯定、認同、控制、權力等特質上了癮，而這些東西當中沒有一個能眞正終結痛苦？事實上，它們反而是造成痛苦的原因！因此，眞相是，多數人其實不想醒來。我們不是眞的想要終結痛苦，我們眞正想要的是**處理**我們的痛苦，讓它少一點點，好讓我們能繼續照常過日子，一切不變，按照我們想要的方式過生活，或許對它們的感覺更好一些就好。

但是這其中有個令人感到困擾的眞相，這個令人困擾的眞相就是：痛苦的終結其實完全不是件私人的事。痛苦的終結關乎實相與眞理，關乎眞實的相對於虛假的，它是去珍視那實存的而非想像的。整個從夢中醒來的過程是非常深刻的，而且對大多數人來說十分困難，它甚至有種煩擾人心的味道，因爲它意味著我們必須去看鏡中的自己。我說的不是以我們平常照鏡子的方式那樣去看自己，充滿著懊悔、批判與指責。我說的是以不同的方式照鏡子，也就是我們終於願意去看見：自己就是導致自己受苦的人，也唯有自己才能找到出路。

因此，醒來有一點像是戒除酒癮或藥癮時的體驗。多數的癮君子唯有在清楚看見快樂與上癮這兩者不可能並存之際，才能放下他們的癮頭。在那之前，多數的癮君子都還處於不斷與生命討價還價的階段。他們以爲：「嗯，我有時候可以當一個癮君子，」或者，「我可以有一點上癮，但又不是太上癮，」或者「我眞的想戒的時候是可以戒掉的。」他們想要克制自己的癮頭，但是在這過程中，他們的癮頭還是占了上風，又將他們捲入受苦的漩渦了。所以，通常一個癮君子什麼時候才會停止呢？他們通常在自己跌入谷底的時候，在看見絕不逃避的智慧、看見除了面對自己和當前處境之外別無他途之後，才能戒癮。

對許多人來說，我們可以看著那些似乎一直在掙扎的人說：「嗯，至少我不是個癮君子，我不是酒鬼，我不嗑藥。」**但事實上，幾乎每一個人都是癮君子，而我們最為深深上癮的東西、也就是我們所選擇的藥物，其實就是受苦**。我們想要去除的那個東西，竟是我們上癮的東西，而那就是受苦。並非很多人願意承認這一點，甚至沒有很多人知道他們對受苦上癮，但是如果你真心誠意地看看它，你會看見，許多人完全不懂如何在不受苦的情況下過生活。如果我們不受苦的話，就不知如何與人互動、如何自處，還有那些時間與精力要用來幹什麼。

終結受苦的過程中，最重要的步驟之一就是看見自己內在深處有某種東西其實想要受苦、其實耽溺在受苦中。如同我提過的，有一部分的我們想要受苦，因為正是透過受苦，我們才能撐住身邊那道分離的牆垣。正是透過受苦，我們才能繼續緊抓著一切我們信以為真的東西。披戴著受苦的面紗，我們就不必去認真看看自己，然後說：「我就是那個正在做夢的人，我就是那個充滿幻覺的人。我就是那個執著於我擁有的一切的人。」看見他人陷入幻覺要容易得多了，那真的很容易。「那邊的誰跟誰，他們完全迷失在幻覺裡了。他們看不見真相！」可是，要說：「不，不是，不是！我才是那個陷入幻覺裡的人。我不知道什麼是真實的、我不知道什麼是真相，我的一部分其實想要受苦，因為如此我才能保持分離，才能有別於他人。」那完全是另外一回事。

當然，在表面意識層次，沒有人想要受苦，然而我們卻不斷執著於自己的概念、想法與信念，彷彿它們是我們生命之所繫。從某方面來看，它們確實是我們生命之所繫，只是它繫的不是眞實的生命，而是小我的生命，也就是我們以爲自己所是的那個生命。我們想要如何看自己，全部繫之於它們。我們想要視自己爲分離的那一部分，並不是眞的想要回歸至本源、融合爲一，它寧願付出代價、不計一切地跳出來成爲分離的存在，然後向世界堅定地宣示自己的觀點。

是否受苦，你完全有選擇

我在此所說的不是我們過去經常談的自我檢視。靈性圈的人士經常忙著在靜心、唱誦神的名字、進行各式各樣的靈修活動與祈禱，作爲一種爲自己帶來幸福快樂或積蓄神的恩典的方式。靈性人士通常會聆聽偉大覺者的教誨並且努力遵循，但他們經常遺漏一個關鍵要素，那就是：「我們對做自己上癮了；我們對自己的自我中心上癮了；我們對自己的受苦上癮了；我們對自己的信念與世界觀上癮了。我們眞的認爲如果交出了我們自己，整個宇宙都會崩潰了。在這樣的做法下，我們其實想要繼續受苦。」

多數的癮君子會搬出五花八門的理由來解釋自己上癮的原因，而且其中一些理由可能確實有根據、有些眞相在裡面。但是究竟而言，到頭來，當我們對某種東西上癮時，不管那是什麼東西，都是因爲我們選擇如此。我們可能會將它怪罪於某事，或某人，怪罪生活上的某些處境，而當然，生命中的痛苦時光可能與我們的痛苦有關，也與我們的上癮之物有關。不過，就此時此地的當下這一刻而言，眞相是：我們不再處於過去了。眞相是：無論發生過什麼，它已經發生了。它是過去式，而我們內在有一部分想要堅守著它、緊緊抓住它，這多半是因爲我們太害怕放下那個讓我們受苦的東西，因爲如果我們放下過去，就不知道自己是誰了。我們將無法爲過去的自己粉飾、我們將無法爲自己感到難過。我們會昂首挺立在當下這一刻，這唯一的一刻，然後不帶任何評斷、羞恥或罪惡感地面對自己。

我很年輕便開始接觸靈修活動，當時我大約二十歲，不知爲什麼，我就是一定要知道何謂眞理、何謂眞實。我沒辦法告訴你我爲什麼一定要知道的所有理由，因爲連我自己也不了解。有一天，我在早晨醒來，覺得一定要知道什麼才是究竟眞實，我知道，我的生命將從此改觀，過去我視爲生命基礎的方向，也不再重要了。有某種嶄新的東西已經在我生命中甦醒，而我明白，那將會和我過去所計畫的東西截然不同。就在那時候，我展開了所謂的「靈性追尋」，一如多數的靈性追尋者，我最後也找到了一位老師，開始修習靜心。

我的老師是習禪的佛教徒，在禪佛教的傳承裡，你最常做的事情就是坐在蒲團上、盯著前方的牆壁，然後一天靜心好幾個小時，那也是我所做的事。我會坐在蒲團上，然後嘗試努力靜心、努力靜心，再努力靜心。無論我多麼努力嘗試，我從來不曾眞正且持續地將它做得很好。我從未眞的搞清楚如何讓自己的頭腦停下來。我在蒲團上最常做的事就是受苦，這不盡然是因爲過去的關係，而是因爲我似乎完全無力衝破我緊緊堅守的生命觀。

不知怎麼地，憑著直覺，我察覺到自己並不是以生命如是的眞實樣貌在看它。我的直覺告訴我，還有別的東西，還有個不同的視野，有一種比我當下正在觀看的更爲開闊的實相。於是我用盡一切所知的方法試圖突破以窺見那樣的實相；我不停地靜心打坐，而且做筆記。我讀了很多書、和許多人交談，也在腦袋裡思考這件事，然後再回去靜心、再靜心，就這樣不斷重複著這一連串的過程。

由於從小就是個運動員，我很清楚要如何逼迫自己、如何努力奮鬥、掙扎著追求成功。長期地拚命努力對我來說是件再熟悉不過的事了，因此儘管一直爲疼痛所苦，我還是可以堅持打坐、靜心。我不斷地逼迫自己，就和許多人所做的那樣，然後大約四年之後，我遇到了撞牆期。我突然領悟，我不能再繼續做這些事了，我突然領悟到，我眞的不知道任何東西。我花了四年的時間才能夠對自己說：「我不知道自己在幹嘛。我眞的不知道何謂眞實、何謂虛假。我空有一堆理論，我寫了一大落的筆記，記錄了我自認爲的眞實與虛假，寫下了自認爲神所是與不是的，但是其實到頭來，經過了四年的靈性奮鬥與掙扎之後，我所知道的並沒有比一開始的時候多。」

那是壓倒性的一擊。我完全無所適從了，因爲我終於明白，關於如何突破以進入一個更開闊的視野，我連最基本的都不懂。關於如何停止掙扎，我也連最基本的都不懂。我不知道該如何不再受苦。我撞到了一面厚厚的牆。

撞到牆的那一天，我待在自己爲靜心打造的後院小屋裡，然後一如每天早晨，我在蒲團上坐下來。我焚上香，坐下面對牆壁。就在我開始要靜心打坐、試圖將頭腦鎭定下來的時候，突然之間，發自我的肺腑，不是從腦袋，而是從我內在極爲深處的地方，有個東西在我內在大吼：「我不能再這樣下去了！我辦不到！我不知道該如何突破！我不知道該如何停止掙扎。我不知道該如何停止奮鬥。我辦不到！」那是關鍵的一刻，讓一切開始改變的一刻。當時我並不明白，但是在那一刻之前，我在生命中所做的一切都已爲我準備好要領悟到我是無能爲力的，因爲我深深受困在對事情的某種觀點裡。我爲了不再受苦、不再掙扎而努力去做的每一件事，其實全部都來自我自己的觀點。我什麼也做不了。終於，我面對了我最不想面對的一件事，我想那也是每個人最不想面對的一件事，那是徹徹底底的、完完全全的讓人粉身碎骨的一擊。它和絕望或沮喪的感受截然不同，當我們覺得絕望或沮喪，我們尚未被徹底擊垮，那表示我們尚未完全停下來，我們內在的某種東西仍在與如是對抗。

但是，就在我領悟到自己什麼也做不了的那個當下，一切驟然改變。突然之間，我對每件事的觀點改變了。幾乎像是翻牌或翻一枚硬幣一樣，我曾思及或感受過的一切、我所記得的一切，在那一刻的一切，全都消失了。我終於單獨了。在這份單獨裡，我對自己是誰、自己在哪裡，或者發生了什麼事完全沒概念。我只知道自己來到了某條想像之路的終點。我來到了一面牆前，霎時發現自己已經站在它的另一邊，那面牆頓時消失了。接著，有一個偉大的啓示出現，它讓我領悟到，我同時既是無物，也是萬物。

那樣的領悟一現起，我就開始笑了。我想：「喔，我的天哪！我已經尋找這東西許多年了，歷經數千個小時的不斷靜心、寫下了成打的筆記本，這一切的追尋與掙扎奮鬥……」聽起來這好像是一段短短的時間，四年是相對短暫的時間，但是在你二十多歲的時候，四年彷彿是永遠那麼長。所以在那一刻，我笑了，因爲我領悟到自己苦苦追尋的東西其實一直都在那裡，我在找尋的開悟，事實上就是我所存在於內的空間。我從來不曾遠離痛苦的終點，從一開始，它就是一道開啓的門，從我有第一口呼吸開始就是如此。

我的痛苦，以及所有的痛苦，完全是選擇性的，但我從不明白。讓我走到那一步的是領悟到我再也不能這麼做、我再也搞不清楚該怎麼做。那就是停下來的意義，或者更正確地說，是**被**停下來的意義，完完全全地停下來。那是靈性形式上的一種跌到谷底，就像有藥癮的人可能體驗到的情況。突然之間，我領悟到，我成癮的東西就是我——我，那個在掙扎的人；我，那個努力要開悟的人；我，那個困惑的人。我對自己上了癮。儘管我努力要超越自己、要力求突破以獲得一個不同的視野，我卻辦不到，因爲我事實上是對自己上了癮。而關於如何解除癮頭，其中沒有祕密。我必須跌至谷底，在那裡停下來，在那裡領悟到我什麼都不知道。

我以前也聽過這些教誨，當然。我聽過「不知道。放下自以爲是的一切」這種教誨，但是我將這些教誨合宜地隨手納入了我的世界觀裡。我以爲自己已經了解偉大的靈性師父在說些什麼了。但是在那一刻，我眞正看見的是：我根本不曾了解任何事，我一件事都不曾了解。那是個極大的震撼。

對實相覺醒過來不是個過程

要終結受苦、初嘗那終結的滋味，你必須經歷一種死亡狀態。有許多靈性傳承都教導過這一點：你必須在肉體死亡之前先「死去」，才能真正活著。如果你曾親近過一個肉體即將死亡、也已經完全放下的人，你會知道那是何等的一種自由狀態。那是個不可思議的矛盾時刻，因爲，那人就在那裡，明白自己即將死去，但他們其實一直都是知道的。他們一輩子都知道這件事，知道自己會死，但是直到他們得了末期的絕症，或者舉例來說，直到聽到醫生說：「你只剩六個月可活了。」他們才**眞正**領悟自己會死。對有些人來說，他們知道死亡是確定的：「我無法活著出去。」然而對多數人來說，無論他們是否一直都擁抱死亡的概念，當死亡逼近時，他們意識的中心都將出現重大的翻轉。似乎是所有事情當中最恐怖的一件事，亦即肉體的死亡，將被如此清楚地看見。有一些遇上死亡這道無可動搖的障礙的人，死亡其實變成了他們通往靈性覺醒與痛苦終點的途徑。

我的阿姨在幾年前過世之前一直是我的學生，她從事安寧照護的工作。有一次，她負責照顧一位癌症末期瀕臨死亡的女士。這位女士幾乎處於昏睡狀態，已經無法與人溝通了。大多數的時間裡，她都是無意識的。一天，醫生說她只剩幾天可活了，而隔天，她的孩子早晨醒來時突然發現她跑到客廳裡，用吸塵器在吸地，而這同一個女人昨天還纏綿病榻，掙扎於垂死邊緣，甚至連話都不能說！她的孩子說：「媽！妳在做什麼？妳怎麼爬起來的？」

她條理分明地說：「我在吸塵。」

他們說：「妳怎麼會在吸塵呢？妳現在應該已經死了！」

然後她說：「我還不能死，因爲我還不知道那個死的人是誰！」

這個故事清楚說明了我們每個人內在深處的那股力量有多麼大，**我們的意識裡有種深刻的進化，總是朝著完滿、朝著了悟自己是誰在移動，而它本身就是整個存在裡唯一的自由。**有相對的自由、有相對的痛苦的終結，也有絕對的自由、絕對的痛苦的終結，這兩者是非常不同的。我們總是可以學到不同的方法與手段來調整或適應自己，讓自己少受一點苦、讓自己頭腦的囚籠更加舒適。但是，讓囚籠更加舒適與衝破囚籠，完全是兩碼子事。那就是在這名女士身上發生的事——她內在深處有個東西覺醒了，她內在有個生氣勃勃的深層渴望讓她死不了。她必須先確實知道她是誰才行。

在這段時間裡，我阿姨對那女士說：「我知道妳該和誰談一談。」當時我的教學年資只有短短幾年，我也還和父親一起在一間機械行工作。我阿姨打電話來，告訴我這位女士的事。我說：「嗯，我必須和她談一談，帶她過來吧！」於是，阿姨開車載這位女士到我工作的店裡。那天中午，我拉了兩把椅子放在店中央，我們坐下談了一會兒。

她說：「我必須和你談談。」

我說：「ＯＫ。妳要和我談什麼？」

她說：「我快要死了，我不知道什麼時候，我覺得可能是任何一天。但是我還不能死，因為我還不知道我是誰。我活了那麼久，但是依然不知道我是誰。」

我說：「嗯，妳找對人了。」我說：「那麼，我們最好快點找出答案，妳沒有多少時間了，不是嗎？」

她說：「好。」

我問她：「妳可以下定決心，把過去一次整個拋棄掉嗎？妳能不能下定決心，一次徹底地看見過去的一切、妳所想像的一切，當下已經不存在了？妳能不能真正地全然進入當下這一刻？」

她給了我一個非常誠實的回答。她說：「我不知道。」

我說：「嗯，妳最好加緊腳步，」那就是我們的對話。我通常不會對人那麼直截了當。我通常不會像那樣立刻一針見血、讓人難堪，但我們倆都知道她快要死了，來日無多，因此實在沒時間有什麼慢慢來的過程。那是她的一大優勢，因爲終究，對實相覺醒過來與終結痛苦並非一個過程。這是人們非常難以理解並且眞正實踐的一件事。這件事的重點是醒來。你在夜晚睡覺，然後在早晨醒來這件事並沒有一個過程。你要不就是睡著，要不就是醒著，靈性覺醒也是同樣的道理。我們要不就是在頭腦的夢幻世界裡沉睡，要不就是在實相的眞實世界裡清醒著。

接下來的一個半星期裡，我與那位女士見了幾次面，有一度，我聽說她身體很虛弱，所以我前去探視她。當然，她再度躺在病床上，氣力所剩無幾，但是她的眼睛綻放出一種純粹的、熾烈的、至樂的光芒。我甚至不需要再問她了，我只說：「妳找到了，對嗎？」

她說：「是的，我找到了，」然後她只是微笑。

她丈夫進來，他說：「你知道嗎？過去這一星期以來，她一直在安慰我們所有的家人和鄰居！鄰居來到這裡，準備好要向她說再見，她卻在安慰他們！她一直告訴他們說一切都會很好。」他說：「現在情況全變了。之前我們努力安慰她，現在她反倒努力安慰我們。是不是很奇怪呢？她到底發生什麼事了？」

一個星期半以前，這是個在病榻等死的人，而就在短短幾天的時間裡，她完全停下來了。爲什麼？因爲她沒有時間了。她沒有時間有什麼過程、她沒有時間慢慢搞清楚一切、她沒有時間做準備。醒來的時間就是現在，放下她整個苦難人生的時間就是現在，她辦到了。因此，事實上，這位了不起的女士所做到的，花了我將近五年的時間才做到。她最後終於能夠放下了。

事情的眞相是，覺醒本身不是個過程。就我們如何表達覺醒這方面而言，是有一個過程，但是其實，覺醒和終結我們個人的痛苦並非是需要花時間才能辦到的事。這件事人們非常難以理解，他們會說：「但是，阿迪亞，它確實需要花時間。它眞的需要花時間。」我在世界各地與數以千計的人會面之後，我發現的是，那些仍在受苦的人會說它需要花時間，而那些已經醒來的人都很清楚它不需要。

所以，似乎有個衝突存在，因爲我們的小我、我們的頭腦、我們想要保護的那個小小的我，都只存在於時間裡。事實上，它們依賴時間而存在。我們對於自己的概念、對於我們是誰、是什麼的概念，只有在時間裡才能繼續。我們常常對自己說：「事情或許明天就會好轉。」那就像癮君子在說：「或許明天我就不再喝酒了。」但是明天的事永遠不會來。一天又一天、一星期又一星期、一年又一年過去了，但是明天只是今天的重複。當一個人走到沒有明天的地步，走到繼續當癮君子已不可能、已不是一個選項的地步，人就會停下來。就在那個時候，我們走出了時間之外。

時間是覺醒最大的障礙

花一些時間想像沒有時間的樣子，花一些時間放掉明天。如果放掉痛苦不可能在明天發生，只有今天、甚或現在才是你的全部，你除了今天之外別無所有，那會怎樣呢？突然間，你會以全然不同的眼光看待你的整個存在。請看看你能否感受到只存在於當下是什麼樣的感覺。請看看完全將明天和昨天從你的視野中拿走，會是什麼樣的感覺。

有些人害怕這麼做會使人感到絕望或悲觀。他們對這主意又踢又叫：「我辦不到！那會很慘！」但是如果你對這概念心生絕望、悲觀或沮喪的感覺，那是因為你尚未除去明天，因為悲觀只源自於一個明天會和今天一樣的概念。所以，你是否可能除去所有關於明天的概念，只要一下子就好？是否眞的可能停下來，然後承認你甚至連如何停下來都不知道該怎麼做？沒有人知道要如何停下來，從來沒有人知道要如何停下來。告訴你自己這個眞相：你不知道怎麼做。沒有人知道如何停下來，沒有人知道如何不再受苦，沒有人知道如何醒來。

這些都是不證自明的眞相。如果每個人都好好看看它的話，他們都知道這些眞相的，但是誰想要知道這些呢？誰會想要知道：自己不知道如何才能不再受苦？誰想要知道：自己不知道如何醒來？但是，如果你讓它深入內心，如果你眞的讓它深入內心，就像癮君子讓自己不知道如何停止這樣的認知深入內心一樣，那麼，情況會如何？看看你是否能嘗到眞正停下來的滋味，就算是一下子也好。當你停下來，你會受苦嗎？或者，在停下來的那一刻，受苦消失了嗎？

你的頭腦說：「嗯，這一刻，它停下來了，但是明天呢？」那表示你尚未完全停止，因爲**在完全的停止當中，有一種死亡**。**有個東西在你死去之前已經先死了**。**眞正的你不會死，但是關於你自己的概念注定要死**。絕對沒有任何東西能夠取代你死去之前的那種眞正的停止與死亡。我所說的不是肉體之死，而是你所認爲的自己之死、你的過去與未來之死，那所有的一切只存在想像中。現在，就有永遠的、唯一的自由與平靜。問題是，那眞的是你想要的嗎？

9

真實的自主性

我在十九或二十歲展開靈性追尋時有一個想法，就是當我最後發現何謂實相、當我發現苦苦找尋的開悟之後，事情就會結束了。我想像開悟就是目標與最終的一切。我所讀過的靈性文獻與聽過的靈性教誨，都再再強化了這樣的概念，也就是你一旦獲得開悟，基本上事情就結束了，你已經來到了靈性旅程所能抵達的最遠處。然而，我發現事情不是那麼一回事。

我一旦開始醒來、一旦開始感受到一種某些靈性教誨稱之爲「開悟」的感受，我的體驗是感到非常自由與敞開。生命不再是個令人生畏的事件，也不再與我一己的存在分離。有一陣子，那是完全圓滿的感受。如同我說過的，我對靈性的概念是：我會抵達這個開悟或自由的點，然後就達成目標了。有好一陣子，我持續體驗到這份自由。雖然我經驗中的一切都是完滿的、無有分裂的，但是經過幾年之後，我開始感覺到有某種別的東西在活動，而且它攜帶著一份「有什麼尚未完整」的感覺。有什麼尚未完成或完整的感覺，實在非常奇怪。通常，我們若有這種感覺，頭腦會將它詮釋爲好像我必須找到更多什麼，有某種我必須尋找的東西、某種我尚未完全了解的東西，但是這份非常細微的不完整感卻一點也不像那種情況。它比較像是一個知道有更多東西會來的直覺，它不一定是更多自由或更多開悟，或者更多特定的東西，但是有一層我還不了解的東西即將展現。

接著，一點一滴地，它開始自行顯露。我開始了解到，**我們的靈性開展並非眞的有個叫做「覺醒」或「開悟」的目標，它是沒有終點的。經歷靈性覺醒或成爲開悟的，事實上是一件允許另一個活動發生的事，而且是再另一個，一個接著一個。**靈性覺醒是一片沃土，在那裡，全新的靈性活動會開始發生，而那源自於我們的自由的新活動，我稱它爲「因覺醒而走入眞實的自主性」。

我了解，這在覺醒教導的脈絡下聽起來很古怪，因爲我們通常會認爲自主性是一種分離的形式，但那卻不是我所領悟到的。我所領悟到的是，眞實的自主性是從對合一與「一」的了知當中生起的。即使有了一切事物其實都是「一」的了悟，即使有此了悟，人類的成分依然存在，這個在時間與空間裡誕生的生命依然存在。我領悟到，這個誕生於時空裡的人的究竟命運，並非只是爲了實現這份開悟，而是有著一個十分不同的目的。事實上，開悟讓意識的另一次活動成爲可能。意識的這個另一種活動，並非眞的是從我們的人性裡醒來、從時間與空間裡醒來、從一個個人的身分認同裡醒來。情況幾乎相反，其中靈性化爲形相，並且發現了這份眞實的自主性。

個體生命的獨特綻放

爲了說明我所謂的眞實的自主性，我會用歷史上兩位眞正的靈性偉人作爲例子：耶穌與佛陀。我們通常把耶穌與佛陀看作是了知本有的一體性及存在之人。對耶穌而言，那是他與神的合一，而對佛陀而言，那是他的開悟或與一切的合一。然而，那還不是這些覺者的偉大領悟。我們之所以將他們放在聖壇上、之所以這麼多人敬拜他們並遵循他們的教誨，還有另外一個原因，也就是我在此想要提出的，他們不只了悟了自己與神的合一或與整體存在的合一，他們兩人還以獨一無二的方式，發現了他們一己眞實的自主性。

耶穌就是一個絕佳的例子。他是一個眞正「踩在自己的一雙鞋裡」的人，就像我的老師說過的，這表示他完全主宰他自己的生命。他體現人性的方式，不但沒有導致他成爲分離的，反而容許靈性以覺醒的方式占據他的人類生命。而隨之而來的就是自主性，情況幾乎像是：它允許生命以一種完全獨特的、過去未曾有過的方式綻放、盛開。因此，像耶穌這樣的人並不是接續之前一系列傳承的結果，他不是過去曾有過、然後再自然延伸出來的。他所體現的，反而是與過去的脫離。他帶來了全新的啓示，某種極爲獨一無二且充滿活力的東西。

若依照傳統的說法，耶穌是履行了他的「天命」。我們的小我通常會認爲天命就是類似「我們注定要做」或「我們應該要做」的事，而這大部分是人的心理所創造出來的概念。發現一個人眞實的自主性這件事，不是小我或頭腦能做的事，它其實是整體存在以極富創造力而又嶄新的方式綻放的結果。耶穌願意以形相活出那「一」的獨特表達、活出那神的獨特表達的意願，才是具有強大轉化力量的部分。

從耶穌在世的時代開始，我們便將他變成了一個投射，投射出我們所希望的覺醒或神性的生命應有的模樣。而在這麼做的同時，我們也將他實際上的樣子做了消毒。然而當我們去閱讀耶穌的生平，包括他做了什麼、如何行動、如何在時間與空間構成的世界裡活動等，我們會看見一個不順從傳統覺醒意義的人。耶穌擁有極具活力的性格，他是一個精力充沛而且眞正無所畏懼的人，能允許靈性以它想要的方式顯化，而這就是眞實的自主性。

生命試圖以它的方式透過我們每一個人表達它自己，但是當我們與小我的意識狀態認同時，它便很難清楚地表達。能量會被扭曲、被局限在老舊而重複的熟悉模式裡。耶穌對那與生俱來的自由覺醒過來了，而正是那份自由讓生命或靈性得以綻放，並以全新的方式表達它自己。它以一種直覺的方式、意識不到的方式與人們產生了連繫。這就是為什麼人們將耶穌放在聖壇上，千百年來一直為他奉獻自己的原因。

同樣的事也發生在佛陀身上。佛陀在菩提樹下──故事是這麼說的──證得了大開悟，然而佛陀並不是從此休息了，一輩子處於某種平靜與至樂的狀態。事實上，他活出了一個非常有活力的人生，他教學，而且帶來了非常清新的、人們從來沒有聽過的教誨。那是靈性在時間與空間裡的一次全新顯化。正是他願意作為真正的他的那份意願（不止是就他的本質而言，也就他的人性表達而言），在多少個世紀以來激勵著我們、對我們說話。

重要的是要去看見，這些人物沒有一個按照我們一般想像的方式在過生活。我看過關於耶穌生平的電影與靈性史詩，而他們經常將耶穌投射為一個非常神聖的人物，可以在水上行走、施展奇蹟。他們描繪的幾乎是活在另一個世界的人。然而，當我們讀到關於耶穌真實身分的故事時，又是一個十分不同的面貌。耶穌的一生與所作所為，與同一時代的靈性標準起了很大的衝突。他其實是在漁夫和商人之間尋找門徒，而不是從貴族階級來挑選。他混跡於那些不見得十分靈性或虔誠的靈魂之間，而且挑選了極爲平凡的勞動階級作爲他的核心門徒。

若我們仔細觀察他的一生，會看見他是在平凡的族群之間吃喝、往來，而且還與妓女、罪犯，以及那些欺騙自己丈夫或妻子的人在一起。他舉辦聚會，人們會一同前來慶祝，他們會喝酒，有時他也會大發脾氣。耶穌發脾氣最著名的例子就是他在聖殿外面踢翻了兌幣員的桌子。我經常想：如果在今天的教堂裡，有人賺錢的方式被像耶穌這樣的人所反對，會發生什麼事呢？如果有人走進教堂，然後眞的把桌子踢翻了呢？我們會敬畏那樣的人嗎？我們會認爲那樣的人是神聖的、獲得了神的啓發嗎？這個故事告訴我們，耶穌確實做了類似這樣的事。我們看見的是身爲一個人的耶穌、一個甚至會發脾氣的人。

在幾乎所有的宗教偉人與靈性天才的故事裡，多數的人性部分都會遭到漂白，而從故事裡消失了。在傳統上所描述的佛陀故事裡，我們找不到佛陀有過任何眞正艱難的時刻，例如非常情緒化或感到絕望的時刻。所有宗教裡一個十分普遍的主題就是讓神聖角色變成幾乎是超脫塵俗的。但是耶穌的故事之所以有力量，是因爲他也擁有一些非常人性化、非常強烈的情緒。有一次，他在客西馬尼園（Garden of Gethsemane）預見自己將被釘上十字架的命運。當他看見這件事的時候，他開始祈求上帝，看看上帝是否能夠讓他脫身、他的命運能否改變。這可不是你期待你的聖人會做的事。耶穌知道他有他的命運，他知道他必須經歷一些事情，而且他知道，由於靈性顯化為人身，因此他擁有了人性與神性兩者。

主宰生命的意願

作為一個人，也意味著必須敞開自己、面對非常人性化的經驗。像耶穌這樣的人，他的力量與性格之所以受到尊崇，不是因為他從不感到焦慮或挫折。他受到尊崇是因為即使他有時面臨了挑戰、有時也感到深深的絕望，他依然追隨自己的命運。他依然是個非常自主的人，他並未逃避他的人生、逃避他一己的存在。他不會試圖躲進內在的某種靜心狀態裡，以確保他永遠不會被人生的高低起伏與塵世的俗務所煩擾。而透過他的人性經驗，他得以展現出某種非比尋常的東西、一個超凡的生命、一種獨一無二且充滿活力的教誨。

生而為人，並且採取了這樣的形相，就是必須接受挑戰，縱使是覺者，生活也並非一帆風順。我喜歡提醒人們，即使開悟來臨、即使你了悟了一己存在裡本具的自由，也不代表你獲得了人生的通行證，那不表示你再也不會遭遇到任何難題。情況剛好相反，我們變得越是覺醒，隨著我們接受並體現靈性本質的能力漸漸成長，我們經常也會變得越來越有能力接手生命帶給我們的重大議題。因此，生命可能會、也確實會回應我們的成長，而它通常也會在許多方面對我們提出越來越多的要求。

這不是許多人想到靈性自由時腦袋裡會出現的東西。一般而言，大多數人對靈性自由的概念和我以前所想的一樣，也就是自由是從我們解脫於什麼的自由來定義的。換句話說，我們可以超越到一個境地，以致眞的獲得解脫**於**生活的自由。但是在某個時間點，我們會看見這種自由的概念是相對不成熟的。只有一個不成熟的自由概念，才會由我們解脫於什麼的自由來定義。隨著我們在靈性上越來越成熟，那個更成熟的、在我們內在發展與成長的東西，並不是解脫**於**什麼的自由，而是**去**做什麼的自由。我們可以這樣看它：我們是否夠自由、夠敞開**去**面對生活？是否有夠大的自由能過生活，能眞正「站在自己的一雙鞋裡」，能眞正穩穩立足於我們站立的土地上？即使我們不是分離的，即使整個宇宙都容納在我們之內，人的成分依然存在，那是一個有能力允許靈性流動至外在世界的個體。我們可以選擇敞開迎向它，也可以選擇躲開它。

在靈性旅途中，我們經常是不知不覺地發現了我們眞實的自主性。人們來到我這裡時，我會告訴他們，**開始邁入一己的自主性是絕對必要的，但不是在靈性過程的最後才這麼做，不是在某個稱爲「靈性覺醒」或「開悟」的事件結束時才這麼做，而是在一開始就**

這麼做。

我們在接觸各種靈性教誨，尤其是我們特別不懂的教誨時，都會做的其中一件事就是：我們會放棄自己的權威。我和人們談話時，一再見到這種事。許多來聽我說話的人都試圖放棄他們自己的權威。他們試圖把它交給我，而我經常對他們說：「不行，你不可以這麼做。」你不可以這麼做，連一開始的時候都不可以，因爲認爲自己可以抓著某個靈性老師的衣角而獲得開悟，是個天大的幻覺，事情並非如此。要醒來、要發現何謂開悟、要抵達受苦的終點，我們必須願意主宰自己的生命、主宰我們這個人身，同時又不緊抓住它或與它認同。我們必須想辦法昂首挺立，但是卻又不獨占地說：「這就是我！」或者「我的！」眞正去擁有眞實的自主性，並不是件發生在靈性追尋終點的事情。它必須在一開始就發生。

評估靈性教誨是否善巧的一種方式，就是看看它是否能幫助你傾聽你自己內在的智慧。它會告訴你，你在這條路上是否有一點失衡了，有一點太偏左、或有一點太偏右了。眞實的靈性教誨永遠不會奪走任何人的自主性，它不會要求我們放棄自己的敏銳度。是的，不要緊抓著你批判的想法，不要堅持你那受局限的意見，但是也不要放棄你自己的權威，因爲每個人內在都有某種東西是立足於眞相的，一份對何謂眞、何謂假的直覺力。剛開始可能難以發現，但是**優秀的靈性教誨能幫助你走向你自己的眞理，讓你變得更寧靜、更深入地傾聽，並且夠敞開，從而眞正開始感受到生命帶給你的訊息**。那就是你的內在智慧，你內在的老師，那也是在眞實的自主性中昂首挺立的開始。

靈性生活中沒有喜好

在醒來與進入眞實自主性的過程中，很容易失去平衡。有時候，我們會在自己尚未準備好時就抓取了太多的自主性。有一次，我的老師送我到另一位老師那裡，進行第一次禪修，因為我說我想要進行一次傳統的禪修閉關。所以我打包好之後便開車北上，前往位於加州索諾瑪（Sonoma）的禪寺。禪寺位於山頂，我對於能夠前去那裡感到興奮不已！我盼望著去那裡已經好幾年了，而我終於來到這座非常傳統的禪寺，準備進行我的第一次禪修。我知道禪修是以嚴厲與苛刻出名的，在行程表上，我們每天至少必須打坐九次，每天都是如此，最後一天更是徹夜打坐。我用一種幾近神話般的眼光在看這次禪修，透過我所聽聞的各種禪修期間發生的故事在看。

我永遠忘不了第一次和老師進行個人面談時的情景。他問我是如何打坐的，我告訴他我基本上就是靜靜坐著，然後大致上跟著我內在的指引去做似乎是正確的事。我在解釋的時候，他目光嚴厲地看著我，說：「你並不是來這裡做你想要做的事。你來這裡，是爲了讓我幫忙指導你的。你要的到底是哪一種？」

我記得自己被這番話震懾住了。在我與老師的第一次會面時，他就在我們之間劃出了清楚的界限，基本上他是在說：「你的小我在這裡沒有位置。」我好震驚，因爲我一直在聽他的開示，他聽起來十分和善、親切，而且溫暖。現在，在我們第一次的面談時，他就對我提出要求。我想了幾秒鐘，然後我領悟到，他是對的。我大老遠跑來這裡，不是爲了光做一些我認爲應該做的事，否則我自己在家做就可以了，我大可留在原來的地方，做我想做的事就行了。因此我說：「我想我會聽你的話，我會試著遵照你的建議去做。」

老師告訴我一個聽起來很無聊的禪修技巧，一點都不有趣。他要我做的是在出息的時候數「一」，然後下一個出息的時候數「二」，再下一個出息的時候數「三」，直到我來到「十」的時候，再從「一」開始做起。他對我的坐姿也有非常特定的要求，背要挺直、肩膀往後縮，下巴內縮，手部要結手印，也就是手指和手掌要做出一個特定的禪修姿勢。這一切似乎非常技術取向，但是我已經決定了，我到這裡是爲了看看此人要教我什麼，所以我遵照他的建議去做了。

三、四天之後，我再次與他見面，他再次問我禪修狀況如何。他要我坐在蒲團上，因為他想看看我的身體姿勢是否正確，也想看看我怎麼結手印。他看著我，然後提出了一些糾正。然後，我們交談了一會兒，他問我數息的經驗如何。我說：「嗯，其實真的很無聊，我發現自己一直忘記，甚至還沒數到十就忘了。」

他說：「那很自然，別擔心。忘記的時候，再從『一』開始就好。別擔心，就讓它過去吧。」我說我會的。

幾天之後禪修結束，我回到了家裡，決定繼續使用他教我的方法來靜心。幾個月之後，我寫了一封信給他，我說：「我一直在做你要求我的禪修方法，如果你認為我應該繼續的話，我會很樂意繼續做下去，但是我的直覺告訴我，或許我可以不要數息了。我不知道這樣做對不對，但我的直覺是，或許靜靜地打坐，不要數息對我來說比較好。」信的最末，我寫道：「但是，如果你認為這樣做不正確，請告訴我。」然後就把信寄出去了。

大約一個星期之後，我收到了回信。老師只是在我的信旁邊批了幾句簡單的評語，他說：「聽起來不錯啊。沒問題，就這麼做吧。」那是我頭一次理解到，和靈性老師擁有一份真實關係的意義何在。我們第一次面談時，他告訴我的事遠比教我某種禪修技巧要重要得多。當時，其實有件意義更為重大的事發生，雖然他沒有直接對我說，但他是要告訴我，最重要的是：我的小我、我的喜好，在靈性生活中是沒有位置的，還有他不會隨著我小我的想望和欲求起舞，我們的關係也不會以那個爲基礎。他在沙地上劃下了一條界線。但是，當我開始漸漸放下我的小我，傾聽他所說的話時，我才從我的內在老師那裡獲得了直覺與指引。就在那時候，他開始將他在第一次面談時拿走的權威還給我。那眞的是非常善巧、非常有智慧的做法。一位眞正的老師，總是在你一旦能夠接受自己的權威，而且不再度變得以小我爲自我中心時，將你的權威還給你。

人們第一次來見我時，我總是告訴他們，他們必須開始在內在找到這份眞實的自主性與眞實的權威。我會很樂意協助他們找到，因爲很容易迷路。但是，在靈性之路上有件很重要的事必須知道：你必須放下所有關於徹底放棄一己權威、放棄一己責任，然後將它交給靈性老師或任何人這樣的概念。眞正重要的是，我們有能力敞開、傾聽，我們有能力放開心胸，去聽我們不習慣聽到的事，並且以新的方式去看事情。靈性教誨事實上應該是要挑戰我們、挑戰我們的觀點、挑戰我們的思考方式。如果它只是順從我們的觀點與想法，那麼它對我們一點好處也沒有，因爲它只是強化了我們對分離與優越感的幻覺罷了。

允許真實的自主性綻放

那麼，我們要如何找到眞實的自主性？重要的是必須記住，自主性與分離不同。事實上，它和分離一點關係也沒有。眞實的自主性非關作爲小我的那個「我」，它是關於生命本身。它是靈性體現爲形相、棲息在一個人類生命裡，立足於那樣的形相之中。一個似非而是的矛盾是，我們一開始經常是**從**形相裡醒來的。我們領悟到，我們不能由自己的身體、頭腦、小我和性格來定義自己，那就是爲何「醒來」這個詞如此具有指示意味的原因：我們眞的是**從**身分認同、從我們自以爲是的自己當中醒來。我們也從文化灌輸給我們的一切，以及我們所上癮的一切情緒當中醒來。

我們從內在的許多東西裡醒來，但那卻不是靈性旅程的終點。我們眞的是醒過來了，這幾乎就像是一個「升騰而外擴」的過程。我們的內在能量確實如字面所示的，升起然後出去。最終，那一股能量、那同一個意識，將會「降落而內返」。它會開始以不同的方式移動，它會下降然後回歸至形相，回歸至我們的人性。**靈性會回歸，回歸至自身，回到身體、回到頭腦，回到我們的人類生命裡。這麼做的時候，它開始了悟並且覺醒於它的眞實自主性，如此的感覺十分獨立，卻不是分離的。**

切莫對這一切編織各種概念，這很重要。我們不要製造出一整套理論或神學，來解釋靈性應該如何顯化、解釋它應該如何發現自己的眞實自主性，因爲一旦這麼做，我們就回到了頭腦裡，我們就失去自由、失去耀眼的創造力。當然，我們依然可以使用頭腦，就這方面來說，頭腦是個很棒的工具，但是如果我們反倒被它所用，我們很快會發現自己又回到小我意識的羅網裡了。我們對生命應是何模樣不能有任何概念，對於靈性該如何顯化爲我們的生命，也不能有任何概念，因爲所有的概念都只是過去的產物，某種我們學習得來的、想像的或欲求的東西。再一次，我們發現自己回到了未知當中，不是關於未知的概念，而是它的活生生實相。那是頭腦變得謙卑了，它俯首稱臣，打著赤腳，拋棄了已知。

從一己內在找到眞理

我和我老師的第一次見面，是個非常奇特的經驗。我在一本書的背後發現了她的名字，我簡直不敢相信，就在距離我家不到十五分鐘路程的地方，竟然有一位禪師。幾乎是在轉角不遠的地方就有一位教禪的老師，這是多麼幸運啊！我還記得自己去見她的那一天，心中滿懷期待的心情。那是個星期日早晨，她總是在星期日早晨帶領共修。我開車北上洛斯加圖斯（Los Gatos）的山丘一帶。我遵照她給我的路線指示開車，但情況似乎有點詭異，我好像在某個地方轉錯了彎。我也說不上爲什麼，就是一直跑到泥土路和一些崎嶇不平的路上，不知什麼原因，或許是因爲我很緊張，誰知道呢？我就是一直迷路。

最後，我終於找到路了，不過是誤打誤撞的結果。第一個驚訝是，這位禪修老師在自己家裡教禪！我期待的是一間禪寺，裡面有僧人穿著傳統的僧服等等，但是我只看到洛斯加圖斯低矮的山丘上一棟平凡的屋子。我把車子停在路邊，朝車道走上去。那是個非常奇怪的車道，我看不出這房子的正門在哪裡。多數的房子都有個明顯的入口、明顯的正門，但是她的正門並沒有面對馬路，而是面朝內側，朝著車道的方向。我花了一會兒工夫才找到，因爲總共有好幾個門。我抓了一個門把，然後注意到門把上吊著一個標示牌，寫著「坐禪」（zazen），加上一個指向一座大門的箭頭，那時我才知道正門在哪裡。所以，我通過那扇大門，穿過後院，走了幾個階梯上樓，來到一座露天平台，然後看到後院有座玻璃拉門。

裡頭只有兩個人：一位女士和一位中年男士。我走到門口敲門，然後她便前來應門。她看著我說：「歡迎。」然後指著我的鞋子，告訴我該把鞋子放在哪裡。我將鞋子踢到門邊，她卻說：「喔，不行、不行！請將你的鞋子整齊放好，」因此，我將鞋子擺正，就走進門了。當時我不知道的是，我已經接受了第一個教誨。她指著我的鞋子，我將它們踢到門邊，然後她要求我將它們擺正，這其實是開始教導我關於人生的事，如何照顧好我的人生，要覺知、要意識到自己在做什麼。她雖然沒有說，但她其實是在說：「請覺知到你的鞋子，保持有意識，保持清醒，不要對任何事昏睡。」

接著，我走進廚房，她指著客廳。客廳裡，有許多家具都被搬走了，裡面擺了幾個打坐用的蒲團。這個空間實在是非常美麗，房間遠遠的另一端有一尊佛陀像。在家的時候，我會坐在一張有個大大獅子圖案的絨毛毯上。來這裡的時候，我將毛毯折疊好帶來，但是當我轉進這個客廳，看見那些美麗的蒲團，還有一些人安坐在房間裡，我低頭看了看我的毯子，頓時覺得自己好像是一個小孩子拎著他的毯子闖入了一座莊嚴的禪修中心。我困窘得不得了，於是走到牆邊，將毯子放在我後面，然後趁沒人注意的時候把它丟在腳邊。這是另一個教導：關於謙卑的教導。當然，當時我不知道這些全都是教導，只有在回顧的時候，我才發覺到這些事。

我找到了位子坐下，鈴聲響起，然後我們便開始打坐。當時我還不知道，但我和這位老師長達十三年的師生關係就此展開了。在那十三年期間，她要告訴我的，就是如何在每一個步伐裡找到我真正的自主性。每當我問她一個問題，她會指著我內在，然後說：「你認爲呢？」

我會去找她，充滿疑惑，然後說：「我不確定自己是不是打坐得很好，妳能幫幫我嗎？」

她會說：「嗯，你做些了什麼？」我會說我做了這個，或做了那個，然後她會說：「嗯，那麼**你**認爲你應該怎麼做？」我就會說這樣或那樣做，有時候，她會提出一些小小的建議。她會說：「喔，或許再多做一些這個，或許再多做一些那個。」那一直都只是建議而已。

和我幾年之後所去的那座禪修中心的禪修老師比較起來，她有不同的教導方式，但是最主要的是，她讓我慢慢地進入了我自己的自主性、我自己的權威當中。有許多年的時間，我覺得十分挫折，因爲我從來沒有從她那裡獲得什麼直接的答案，或者至少我認爲是如此。當我與她進行個人會面，問她一些關於靈性生活的問題時，她總是會將方向導回我自己身上，而我要的卻是一個漂亮的、清楚明白的靈性回答，好讓我可以安穩地將它放在頭腦裡。她一次都沒有給過我這種東西，在十三年相處的時間裡從來沒有過。很久之後我才明白，這是她賜給我的一份珍貴禮物，她堅持讓我在自己的內在發現眞理，她拒絕給予我一個讓我的頭腦能夠執取和緊抓不放的教導。她只是指向我內在的更深處，而我發現自己因而發展出一種能力，能去傾聽自己的內在，然後跟隨它，找出何謂眞實或不眞實，何謂有智慧或無智慧。

傾聽是第一步

話說，直到多年以後我才明白我的老師當時在做什麼，她是在幫助我從一開始就發現自己那與生俱來的自主性。因爲她拒絕將全部的權威從我身上拿走，而是不斷將我朝著內在的更深處推，去接觸我自己的眞理，好讓我找到我自己的路。這就是關於覺醒、關於從小我意識狀態轉換至我們眞實本性的一個嚴肅現實：沒有人能精確地告訴我們該怎麼做。這不像照著食譜做菜——如果你聽老師的話，精確做到老師告訴你的事，不多也不少，你就會開悟。完全不是那麼一回事。我們必須在自己裡面發現，透過直覺去發現某種頭腦無法掌握的東西。從一開始，我們就必須在黑暗中去感覺、去摸索，找出自己那條通往眞實內在智慧的路。

我的老師過去總是說：「那就像在半夜去找你不見的枕頭。你只要往腦袋後面一摸，你的手就會碰到它，然後你就找到了。」我明白，因爲我也曾在半夜睡覺時把枕頭弄不見好幾次。通常我會醒來，我的手會伸出去，然後就摸到枕頭了，必然是如此，即使在黑暗中我看不見任何東西時也一樣。因此，藉著這個通俗易懂的譬喻，我被教導要信任自己，因為我們內在都具備著某種東西，能自己找到出路。我們確實必須做到的，就是停止聽從頭腦的話。取而代之的是，我們要傾聽內在的寧靜、傾聽那裡，讓這樣的傾聽帶領我們超越自以為是的所知。

甚至，當我們置身強烈的痛苦、深深的糾結，或身陷混亂、深刻悲傷或憂鬱時，也必須這麼做。奇怪的是，我們越是掙扎著逃脫這些狀態，就會陷得越深。我們越是努力搞懂一切，就越是讓自己感到迷惑，而這時我們眞正需要的就是開始傾聽。傾聽，是發現自主性的第一步，如果我們能為了自身的幸福與自由，持續不斷地在這條道路上追尋，那麼有一天這份自主性將會全然綻放，開展出我們無法想像的東西。但是一開始的時候，你必須一次一小步慢慢來，而首先就是開始眞正地、深深地傾聽。要發展出一種直覺，能夠覺察到什麼需要照料、什麼需要質疑，以及什麼假設需要再次的檢視。這只是發現一些自主性的開始。你將會犯錯，也會走錯路，但我們就是這樣發現自己眞實的自主性在哪裡。

這有一點像你學習騎腳踏車的時候，努力保持平衡。沒有人能教你如何在腳踏車上保持平衡。他們只能給你建議，但是最重要的，你必須要自己騎出去。有時，你會失去平衡，快要摔倒，但他人可以接住你，讓你不至於受傷。要發現我們眞實的自主性，也可以說是我們的內在平衡，我們必須眞正地傾聽，直到越來越深、越來越深的層次。有什麼是寧靜試圖要告訴你，而你卻沒有在聽的呢？

另一個探索眞實自主性的方法是透過探詢：對於你不想要知道的東西，你了解多少？因爲我們都比自己假裝的更有智慧，而許多時候，我們的智慧都藏在那些令我們感到不舒服、感到不方便的地方。如果我們傾聽這些地方，我們知道它們會將我們從躲藏的地方拉出來，強迫我們處理一些情況，或我們內在的一些情緒狀態。**在究竟上，眞實的自主性是完完全全允許靈性棲息在你的人性裡，是一種無懼的意願去允許這樣的自由發生。**

有一種去愛的自由、入世的自由，甚至是被打擾的自由，還有，究竟上的，一種允許生命從我們內在綻放、允許靈性以完全未知的方式流過我們的自由。這份自由是如此地不可知，以致你完全不知道自己注定要作爲什麼，因爲你太忙於作爲它了！如果有人問我：「阿迪亞，你發現你注定要成爲的、注定要做的、靈性注定要透過你完成的是什麼？」我頂多只能說：「當下的此刻就是了。當下的此刻就是，然後再下一刻，也是。」然後再下一刻，也是。

愛，是對生命的熱烈擁抱

我們的自主性能在每一個時刻裡發現。它需要一個對生命與對整體存在的熱烈擁抱，因爲靈性本質的眞實表達就是愛，而愛不是我們所想像的那個樣子。**愛**，是這種對生命熱烈擁抱的同義詞。愛是看見自己是每一樣事物、每一個人，而這樣的看見不屬於頭腦。它不屬於你的小我，你永遠不可能帶著小我看見一切即一。你只能從你的本質看見這一點。

以耶穌這樣的人爲例，他的生命就是愛的表達，包括生命中高低起伏的時刻、美妙奇蹟的時刻，以及充滿挑戰的時刻。所有這一切都是愛在生命中的表達，而人類受惠於這個故事已經超過了兩千年之久。耶穌的生命是一份禮物，而你的也是一個份量相當的禮物。這不表示你會成爲一個偉大的老師，或者你會成名。它與成爲名人或在歷史上留名毫無關係。那可能會發生，也可能不會發生。只要你還在乎是否會有人記得你、是否變成重要人物，就是尚未完全放下。假如，你發現靈性想要透過你示現的，就是一個簡單的、平凡的人，卻是一個充滿了愛、充滿慈悲與智慧的人呢？也許根本不會有人認得你，沒有人會認出你內在的東西，但是它純然就是眞正的你、你之所是。假如那就是生命要透過你示現的呢？你認爲那樣好嗎？你會允許它發生嗎？

只有我們的小我和頭腦，會以自我中心的方式看待這整個自主性的概念。顯然，像耶穌或佛陀這樣的人根本不在乎別人怎麼看他們。他們不在乎是否會被記得。他們並不試圖達成那些東西。他們是這時空世界裡一股愛與靈性開悟的豐沛力量。他們已經臣服了、放下了，進入了我們所有人內在的眞理，他們的生命就是了悟那份愛之後的奉獻、表達與體現。記住，耶穌當時並非被每一個人所愛。他的教導讓他喪命！他四處雲遊時，並非每個人都拜倒在他腳邊，差遠了！因此，任何關於開悟的生命該如何的概念，畢竟只是概念，只是想像，而只要我們仍試圖讓自己的生命看起來有別於它眞正所是的，我們就輸了。我們只是在自己的想像裡打轉。

任何一個人的生命，其眞正的意義是某個與你極爲親近的東西。它是你的每一口呼吸，它是你內在那份靜定的示現，它是那一刻接著一刻，無生的出生本身。沒有「如何」的問題，也沒有它應該像什麼樣子這種事。我無法教任何人如何做到，我只能告訴你，那是可能的。你可以感覺到它，你已經在生命中感覺到它了，你一直都知道，你的內在有某種東西在等待著被發現、被生出來，它是如此清新與眞實。你知道你內在有某種東西，是遠遠超乎你所想像的，是一直試圖破繭而出並盡情成爲它自己的。每個人都在內在感覺到它了，但是，要允許生命以那樣的方式表達自己，還要拋棄那麼多東西，有賴於對未知的深深臣服。甚至連我們所擁有的最偉大了悟或覺醒，我們也必須放下。即使最偉大的智慧來到你身上，那最偉大的「啊哈！」時刻，也注定只爲那一刻而存在，僅限於那一刻。

那份邀請，是請我們每一個人保持一顆初學者的心，永遠與那未出生的、那潛在的，以及那未被創造出來的保持接觸，因爲從那樣的潛能當中，我們內在的某個東西覺醒了，它從奮鬥與痛苦中獲得了自由，而它一直在我們每一個人內在等待著表達它自己。我們人類歷史上的偉大聖者都告訴我們：**他們所了悟的注定是給我們每一個人的，並不是他們專有的。那不是他們擁有的東西，他們只是了悟到了萬事萬物內在本具的東西，因爲其實，覺醒的不是你或我，覺醒的是生命。你的生命成了那無可表達、無可解釋、無可名狀之事的表達。**

10

超越對立的世界

印度當代有位聖者名叫尼薩伽達塔．馬哈拉吉（Nisargadatta Maharaj, 1897-1981）。我讀了他和一位女士的對話，她告訴他自己所見的世界，還有世界的痛苦與爭鬥、暴力與憤怒、貪婪，還有她內心的騷動不安。她問他如何與這個世界互動，他說了一段非常驚人的話：「那是妳的世界。我不存在於妳的世界裡，我甚至不認識妳的世界。在我的世界裡，這些全都不存在。」

我讀到這段話時，著實大吃一驚。我想：「他說他不存在於那個世界，他的世界是別的，這是什麼意思？」這令我想起另一句非常著名的話，耶穌所說的：「我在世界，但不屬於世界。」這是相當類似的一句話。這兩段話都指出了一個非常深奧的眞理。尼薩伽達塔說他不存在的那個世界，以及耶穌說他「不屬於世界」的那個世界，是什麼？

當然，他們所說的是我們的世界，當我們睜開眼睛、展開一天的生活、與人們互動時，大多數人所存在的那個世界。那就是耶穌所說的那個世界：「我在世界裡，但不屬於世界。」多數人所存在的世界是一個相對的世界，光明與黑暗、好與懷，愛與恨的世界。這就是我們誕生其中的世界：對立的世界。事實上，我們周遭所顯現的世界，不過是對立面彼此互動的結果：夜晚變爲白天，白天又變回夜晚，愛與恨交替，一呼與一吸，好與壞，該與不該。這外顯世界裡的萬物，皆依照這種對立面的變遷與流動在運作。就某些方面而言，這些區別是必要的。生命本身若無對立、無日夜、無呼吸，便無法存在。如果你仔細觀察，會發現多數人的內在，也都有著同樣的對立面：好的與壞的、對的與錯的、我應該做與不應該做的、我想像該發生的與不該發生的。這個對立的世界告知了頭腦該如何發揮功能，它提供了一個令頭腦得以運作的架構。那麼，這些聖者怎麼能說，這不是那個他們視爲眞實的世界、不是他們眞正存在的世界？他們可以在這個世界裡運作，看似存在其中，但事實上，他們的意識所在之處、他們眞實的家園所在之處，是在另一個世界。

充分了解這兩個世界極爲重要。傳統的世俗世界，是我們想像的世界，是一個二元對立、對與錯的世界。這是我們通常與之互動的那個世界。當我們的頭腦在這個相對的世界裡運作，我們唯一的選擇就是以對立的角度和世界互動。小我的意識狀態是由二元對立來定義的——好與壞、對與錯、形相與無形相、靈性與物質，這就是我們與小我認同時的意識狀態。在這種意識狀態下，永遠只能在「這個」**或**「那個」兩者當中擇一，而不是「這個」**與**「那個」。我若不是對的，就是錯的。你若不是對的，就是錯的。

還有另一種全然不同的意識狀態，一種不屬於二元對立世界的意識狀態。這就是耶穌稱爲「天國」的意識狀態。天國其實正是那超越了二元對立、不活在二元局限裡的意識狀態。身爲人類，耶穌顯然存在於這個二元對立的世界，但是他的意識也顯然在別處。他的意識處於「天國」，也就是佛陀所謂的**涅槃**裡。涅槃指的是從「受苦之輪」解脫所獲得的完全自由，並且是完全活在小我意識狀態之外的現象。脫離受苦之輪的佛陀，已不再從對與錯、好與壞、光明與黑暗的觀點來過活了。當我們開始從小我的意識狀態裡醒來，我們也將會放掉受限於相對觀點的生命觀。

有趣的是，對我們的頭腦來說，這件事似乎有個很危險的地方。超越對錯與超越好壞是什麼意思？難道不會引起天下大亂嗎？我們人類賴以生活的原則又是什麼呢？還有什麼能防止我們做出不友善、傷害他人的行爲？當然，這些類似的問題都是來自小我意識的局限性，因爲小我意識就是相對性的表達，小我意識根本無法想像有其他意識狀態。它只會將自己的理解投射至其他意識狀態，但它自己永遠無法實際獲得它。靈性覺醒爲的不是小我，它爲的是更深層的內在本質。它爲的是我們眞正所是的本源與實質。

安住於無所住

多年前，我留宿於一座佛教僧院，住持是一位非常和善又有智慧的女性，她提出了一個很有趣的觀察。她說：「每個人都知道要怎麼不被捉進地獄，但極少人知道要怎麼不被捉進天堂。」

我聽到這句話的當下，尚未眞正了解它的意義。一開始，我想：「嗯，對啊，我們的直覺是不想被捉進地獄，但有許多人的確被捉進去了。」然後我想：「爲什麼會有人不想被捉進天堂？爲什麼會有人不想被捉進開悟裡？」

她說的話似乎很怪：「不要被捉進天堂。」許多年之後，我才明白她話中的涵義。因爲，如果我們被捉進天堂，它受局限的狀況就和被捉進地獄是一樣的。那好比說：「吐氣，吐出一口感覺很棒的『啊』！」吐氣的感覺很美妙，所以我們的目標是吐氣。然而，如果我們光會吐氣，應該很快就死掉了吧！要吐氣，我們就必須吸氣，它們是一起的，一如左手和右手，一如蹺蹺板的一上一下。處於小我的意識狀態時，我們總是努力想要遠離我們自認爲壞的東西，朝著我們想像的好東西前進。不過當然，我們想像的好東西，也與壞東西的出現緊密相連。

無論我們的靈性了悟有多麼高、多麼深，清楚地知道如何不被捉進天堂或地獄永遠是件很重要的事，事實上，應該說永遠不要被捉進任何地方。如同一位有智慧的老禪師曾說的：「安住於無所住。」耶穌曾說過一段話，指出了這種超越成雙對立物的狀態，他說：「狐狸有洞，天空的飛鳥有窩，只是人子沒有枕頭的地方。」（譯註：出自〈馬太福音第八章第二十節〉）他藉此提醒人們：他的所在之處天國，並非眞的像天堂一般，而是超越天堂和地獄的。它超越了成雙出現的對立事物。我們已經將耶穌的天國變成了地獄的對立面，但是顯然地，對耶穌而言，天國並不是一個能被二元對立物所限制甚或定義的東西。對他而言，天國是全然不同的，它是一種完全不被二元對立觀點所捉住的意識狀態。

二元對立的觀點是非常狡猾、非常微妙的東西。許多古典的靈性教導都指示我們要遠離頭腦與身體，亦即遠離對一切形相的認同。古老的教誨會說：「你不是這個。你不是那個。你不是你的身體，也不是你的頭腦。你不是你所想的那樣。」這種方式稱爲「否定法」。否定法以不同的形式出現在印度教和佛教，也出現在基督教。這些教導指出我們必須遠離對一切形相的執著，包括粗大或細微的形相，如此我們才能醒來、才能了悟我們的本源即是靈性，即是臨在，即是那覺知的開闊場域。而那根本不是一個「東西」，它比較像是一個偉大的、清醒的、生氣勃勃的無物。但是如果我們只想努力堅守著它，那麼我們只是再次以虛幻的錯覺欺騙自己罷了。和被捉進小我的意識狀態相比，那可能是個較高層次的錯覺，但它依然是個錯覺，因爲它是不完整的，它只是小我意識狀態的對立面。意識的無形相狀態，只是與形相認同之意識狀態的對立面。

究竟上，重點不是從與形相認同轉而與無形相認同。它的重點不在於從某人變成無人，你無法將眞理定義爲某物，或者無物。究竟上，你無法將它定義爲小我，或非小我的東西。我們的究竟本質根本無法以二元對立的詞彙來形容。對我們的頭腦而言，它將永遠是個奧祕，因爲我們慣常用以理解事物的思考過程，只能以二元對立的詞彙來思考。因此我們的頭腦永遠無法眞正地直接了知實相。即使是在我們的感覺層次，我們也會覺得好或覺得不好。我們會覺得心胸敞開，也會覺得心扉緊閉，我們會覺得快樂，或覺得悲傷。即使是我們的情緒，至少是多數的情緒，也是二元對立的表達。

在靈性的許多形式裡，你會得到一種幾乎是對生命譴責的印象，而無形相的領域才眞的是所謂的靈性。但是，如果我們開始對無形相、對存在廣闊的內在空間、對那純粹意識產生執著，儘管它們更加自由、敞開，而且廣闊，但如果我們被捉進那裡，我們就只是安住於另一個更高層次的錯覺而已。因此，耶穌所說的，要「在世界裡，但不屬於它」這句話的眞理是什麼？他在「狐狸有洞，天空的飛鳥有窩，只是人子沒有枕頭的地方。」這樣的故事裡，又想表達些什麼呢？這裡的教誨與相對性有關：高與低、有與無、靈性與物質。耶穌在這裡要說的是，眞正的他是超越這個的，而且不止超越這個，更涵容了這個。

有一天，佛陀走在路上時，有人問他：「你是什麼？你是一個人嗎？」

佛陀說：「不是，我不是一個人。」

那人又問佛陀：「你是動物嗎？」

佛陀說：「不是，我不是動物。」

「那麼，你是神囉？」

「不是，我不是神。」

提問之人顯得非常沮喪。「嗯，那麼眞正的你到底是什麼？」

他單純地回答道：「我是醒來的。」

那就是佛陀指出那超越一切定義、超越一切敘述的方式。這種意識狀態是最難形容的，因爲它其實是無法形容的。最高的實相是既是「這個」又是「那個」，同時也非任何一個。它既是靈性也是人，即使是敞開的場域、開闊的覺知，也是一個特定的人身。這是十分微妙的一件事，它需要深深的意願，願意超越一切的概念，甚至是我們的好壞與是非對錯的概念。

一位道家師父曾說：「大道廢，善惡興。」「大道」指的就是究竟眞理、究竟實相。當你我對超越所有二元對立的這條大道變得無意識，我們就會生出例如好與壞這樣的習性。在相對世界裡，那是件合理的事。好總比壞好，那是非常合理的，那完全說得通，但是在實相的究竟狀態裡，是既非好也非壞，而是某種超越這兩者的。

童女生子：超越對立的兩極

你可以在世上許多宗教裡發現一些相同的主題，包括基督教、佛教、伊斯蘭教、印度教，以及那些遠出現在現代宗教史之前的宗教。有一個出現在各個文化裡的常見主題就是童女生子。我們都知道耶穌生平，以及據說他是由處女所生的故事。在佛教，我們也有佛陀是由他母親的腋下（脅下）所生的故事。這兩個故事純粹是爲了要傳達一個更深的眞理。

我們常常被教導說要將焦點放在這些出生的歷史層面上，關注的是當時發生了什麼事、是不是由處女所生。但是這已經錯過重點了。如果我們只是檢視那些宗教的歷史事實，依此決定它們是對的還是錯了，就錯過了這些教誨的重點。這些童女生子的故事，所指的出生是非由對立面交會而生的。我們人類的出生是對立交會而生的，它是男性與女性的結合，那創造出一個人。我們的人性也是二元對立的顯化，我們的心臟會跳動，一開一闔，我們的肺部會呼吸，一吸一吐。因此，肉體的誕生永遠都是對立而生的，這本身其實是件很美的事。我們周遭的整個世界都是二元對立的顯化，無論它的表達形式爲何。而這個處女生子的概念，說的是我們的「第二次」出生，它發生在我們肉體出生之後。它是我們意識裡的誕生，一個非以二元對立爲基礎之視野的誕生。這些故事認知到，眞正的我們事實上是所有對立，包括男性與女性、包括這個和那個的源頭。它是在這個時空世界裡生出一個統一的全新視野。

耶穌由童女所生的故事是在試圖告訴我們，這個人，耶穌基督，其實是那超越二元對立的示現。而那個人也是你。當然，他具備人的身心，就和你一樣。事實上，他將自己稱爲「人的兒子（人子）」。不過，後來其他人開始將他喚作「神的兒子」。耶穌知道他具備人的身心，然而他的意識不屬於那二元對立的世界。童女生子象徵著從我們的小我裡覺醒過來。在覺醒的那一刻，眞的就感覺像我們再次被生下來，或像有某種全新的、意想不到的東西出現在我們的意識裡。它確實是一種童女生子的現象——非由二元對立所生，而是由非二元所生，一種遠遠超越一切二元對立的誕生。

我們不需要歷經漫漫長路才能發現童女生子這樣的事，我們此時此刻就可以立即探究我們的經驗。如同眞相裡的其他東西，它早已存在了。如果你深觀這一刻，變得安靜、敏銳，你憑著直覺就可以感覺到，此時此刻，你內在有某種東西是無法被定義爲男性或女性、這個或那個的。你有某種東西是完完全全無法定義的。你內在已經察覺到，它無法被任何語言文字所界定。那就是將自己生出來、讓自己被你認出的意識，而那可能會發生在當下這一刻。起初，它或許只是個短暫的瞥見、一次淺嘗、一份感覺，但是如果你付諸極大的關注，那麼當下就能在你的經驗中認出它來。

我們的眞實本性在究竟上是非二元的這個事實，正是爲什麼當我們誕生在這物質世界時，會受到我們相反的一面所吸引的原因。這不表示所有男性一定都會被女性所吸引，或所有女性一定都會被男性所吸引，而是當你眞正觀察人類的親密或愛情關係時，你會發現，通常你內在某些部分會被你相反的一面、某種你覺得自己沒有的東西所吸引。那是我們靈性對合一、對會合、對憶起我們合一本質的深切渴望。你的內在永遠有一種既非男性也非女性，而是包含兩者並超越兩者的存在，你所要做的，就只是向內轉，就在這個當下，轉向你自身經驗的最深處，就能看見這一點。放下你努力想要定義什麼的頭腦，你會看見，你眞正所是的，超越了一切的定義。

有位非常知名的禪師黃檗，曾說過一句相當精彩的話，這句話所要形容的就是靈性的合一，亦即我們的眞實本性既非這個、也非那個，而是兩者。這句話也很巧妙地描述了在所有現實當中本具的尊貴特質。想要體驗黃檗禪師所說的眞理，你必須了解他是如何使用「心」（mind）這個字的。他對它的用法等同於我們在使用「意識」或「靈性」那樣。他的「心」指的不是思考過程，而是那個讓包括思想等一切形相現起的背景。他說：「此心即是佛。佛即是眾生。爲眾生時此心不減。爲諸佛時此心不添。」（譯註：出自《黃檗山斷際禪師傳心法要》）黃檗禪師藉此說明了一切即一，無論是平凡或非凡，都是靈性的平等表達，都具有究竟的價值、究竟的良善，以及究竟的尊貴。無論它爲人所知或不爲人所知都無所謂，無論它崇高或渺小、高或低都無所謂。當我們睜大眼睛看見了這一點，我們會看見萬事萬物在本質上都是神聖實相的表達，而且本自具有究竟的價值。

超越二元對立的輪迴

耶穌的故事對我來說，有件我十分欣賞的事就是：他是所有宗教裡面少數宣稱自己兼具人性與神性的人物。他，理應是神的兒子，但是神的兒子也有充滿人性的時刻。他也有憂傷的時刻，但是他雖然感到憂傷，卻依然能夠敞開地接觸某種能夠超越憂傷經驗的東西。耶穌不是那種努力超越人類經驗、逃離人類經驗的人。他的視野廣闊無邊，他看見了人性與神性之間在究竟上並無不同，如同他所說的：「天國遍布地上，但人們看不見它。」

在靈性的許多形式裡，天國，或說自由，或說涅槃，是從二元對立的世界逃離。它被視爲是跳脫人類存在的高低起伏與騷動不安。但是我發現耶穌故事的美麗之處就在於，他不做這種區分。對他而言，世界本身就是天國，而超越這世界的也是天國。對耶穌來說，**萬事萬物**都是神性的表達。

耶穌的一生恰恰就是活出這種視野的絕佳例子。他非常入世，而且他知道要入世就是要對莎士比亞所說的「狂暴命運的無情摧殘」保持敞開，讓自己對生活的眞實面貌敞開：有時起，有時落。讓我們的意識深深根植於某種超越這世界的東西、根植於頭腦永遠無法理解的浩瀚奧祕，那是可能的。這眞的只是放下相對觀點、放下我們的評斷、概念與信念的問題。並非我們需要擺脫這些東西，而是純粹去看見它們其實是相對的、不具任何究竟的眞實性。唯有如此，我們才能接觸到意識的另一個全新領域，一個靜定與平靜的層面、純粹而浩瀚的靈性層面。

了悟那個領域其實是眞正的我們，是那深層的自己，是一種非比尋常的解脫與不可思議的自由。然而，那並不是我們靈性覺醒的終點。最終，我們甚至連那個都要放下，但是卻不是將它推開，就像我們試圖推開人類經驗一樣。形相世界與無形相之空無的世界兩者，都在二元對立的輪子上，但超越兩者的是什麼呢？我們是否有勇氣放下天堂與地獄兩者、不只放下我們在這地球上的此生與人性，也同時放下我們對靈性的執著呢？我們眞的能放下靈性的那些美好、放下空無那深邃的寧靜與自由、放下作爲純粹靈性的高度靜定嗎？我們是否也有辦法不去執著於這些東西呢？

如果我們執著於靈性的眞實性，將會遭遇到許多靈性追求者都會遇見的兩難困境，也就是他們嘗過天堂的滋味、那無形相的領域，然後他們的頭腦便緊抓著它不放。許多人發現自己想要停留在那無形相的領域，卻不斷被他們的工作、家庭、孩子，以及各種責任義務拉回這裡、拉回塵世。然後他們會一直找尋、一直找尋一些能夠讓他們待在這裡，又不需要眞正在這裡的方法。我遇見過的許多人都聽過耶穌的這句話：「我在世界，但不屬於世界。」他們也會說：「那就是我要的！」但他們眞正的意思其實是：「世界我快待不住了，我眞正想要的是消失在純粹意識的無形層面。」這造成了很大的問題。這事實上是不可能的，在二元對立的世界裡，有來必有去，有生必有死，永遠有這一刻和下一刻，因此我們最後其實抓不住任何東西。

我經常提醒那些來聽演講的人：「雖然我說了很多，雖然你可能會明白很多東西，但是終究，靈性這件事說到底就是一個臣服的過程、放下的過程，而且必須徹底到即使是獲得最偉大的靈性啓示，最後連那個也要放下它。」我的意思不是要像丟垃圾一樣把它丟掉，我的意思是要放下你對它的執著。即使是在我遇見過的靈修社團裡，也只有極少數的人知道如何不執著於天堂。

偉大的聖者拉瑪那．馬哈希（Ramana Maharshi, 1879-1950）曾說過一句與此有關的名言：「世界爲幻相，唯**梵天**是眞，世界即梵天。」梵天代表「神，神性」。第一句「世界爲幻相」是我們覺醒的第一步。我們必須看見自己所想的、所相信的、所想像的自己，都是幻相。頭腦裡的整個創造，只不過是種構想，它非常虛幻縹緲，根本不眞實。這讓我們明白，唯有梵天，亦即那神性，是眞實的，這個意識的無形相狀態、那個無生的純粹存在，才是實相。那是生發出整個世界的所在，是形相世界的扎根之處。然而，我們很容易卡在那裡，我們需要最後一句偈子來帶領我們回家，回到那眞正超越的視野：「世界即梵天。」這個世界本身即是神聖的。馬哈希尊者爲我們指出了非二元對立的眞理，那形相與無形相根本合一的眞理。

究竟實相涵容一切

我們在此所探討的是一切二元觀點的徹底崩解。這是一種會合，整個靈性視野的眞正合一。切記，我們的目標不是從人變成非人的靈性，而是既是靈性也是人。目標不是從作爲某人變成神聖的無人。眞相是，它是關於了悟眞正的你是神聖的無人，或者空無，亦是有一個明確生命必須要活出來的某人與實有。要爲超越這兩者的東西命名、要爲既非此亦非彼、既非高亦非低、既非有亦非無的東西命名，實在是件太困難的事了。

事實上，它是沒有名字的。有些基督教神祕家稱它爲「神本性」（Godhead），他們說，神本性是神起源的地方。無論我們用什麼詞彙描述那個超越一切二元對立的東西，重要的是必須了解，在我們自身的存在與自身的意識裡，究竟實相是涵容一切的。它充滿著所有的世界、所有的觀點，它是那無形相的臨在，同時也是超越那個的。

我在書上曾讀到過，一位蘇菲派神祕家稱這種臨在爲「耀眼的黑暗」，我很喜歡這種表達方式，還有它所散發的感覺。耀眼的黑暗並非某種能夠描述的東西。誰說得出它是什麼呢？誰說得出那超越光明與黑暗的是什麼？那超越靈性與物質的是什麼？這確實是一種成熟的靈性視野，它不是讓我們逃離世界的視野，而是讓我們自由、解脫到足以參與這世界的視野，它讓我們每一天都能夠以熱烈和敞開的心存在，並且願意去體驗每一刻、與每一刻相遇。**當我們的意識深深根植於這份究竟的奧祕，於這耀眼的黑暗，於這究竟的神本性，那麼我們就不會再被天堂或地獄所繫縛，我們將不再受限於作為靈性或物質。事實上，最後，我們會見到這兩者並無差別。**

當我們以眞實的眼光來看，周遭一切都是神聖的。我們一直在追逐快樂、追逐痛苦的終結，以及寧靜、自由、神、開悟等，而當我們眞正觸碰到實相最深的視野，我們領悟到的是，我們其實哪兒也不用去，因爲神性永遠都在。若我們望向窗外，那裡有樹、有垃圾桶，有花有草，有人，所有這些其實都是神的面貌。看看鏡子，那就是神今天的樣子。看看窗外，那就是你眞正的自己，那是你的眞實本性在這一刻的示現。

很少人理解何謂眞正的沒有分離，但這就是我們在每一刻所收到的邀請：眞正的我們是萬物也是無物，而且遠遠超越這兩者。我們所追尋的天堂就在此時此地，它就是那個我們出發去尋找的地方。當然，頭腦會說：「不可能！那所有的痛苦、憂傷和苦難又怎麼說呢？」那二元對立的頭腦深深地欲求，也深深地相信，究竟實相必須是某種有別於此的東西，但是當然，如果一切即一，那麼一切即是一，它包含了萬事萬物。我們不需要再繼續體驗痛苦、絕望與衝突，這些只不過是困惑狀態的產物，是與頭腦的一小部分認同的產物。

因此，生命注定要包含痛苦、奮鬥與憂傷，這不必然是個事實，但是生命亦非理當完美與絕對神聖的，因爲這兩者都不是眞相。那眞實的超越這兩者。當你開始去感受，或開始去懂得我在此指出的道理，你可能會對這一刻產生一個截然不同的生命觀。但是，你不需要逃離任何事物，因爲根本無處可去。這裡是唯一的所在，這裡，我們的意識能夠敞開、我們對自己的概念能夠擴展。這裡，就有著一份更開闊的視野，能看見一己的無生、一己的潛在本性，以及我們作爲純粹靈性的本質與本源。在這裡，它甚至能夠敞開得更徹底，前往超越我們所曾經歷過的最美妙天堂之處。它能敞開迎向耀眼的黑暗、進入存在最偉大的奧祕，那是頭腦永遠感到迷惑不解之處。

偉大的心碎

對有些人來說，這聽來或許遠在天邊，像一個永遠抵達不了的地方，一種極少數人才能達到的狀態，但我可以向你保證，要擁有這樣的第一手體驗，你不需要做任何改變或變得有所不同。它需要的，只是一個停下來的意願。我們越是能停下來、越是能放下，我們的意識就會越加自然地敞開。我們越是能質疑自己所下的結論，我們的路就會越來越寬廣，我們的視野也隨之越來越開闊。我們將萬物的實相看得越是透徹，我們的心就越加地敞開而涵容萬物，因爲，如果我們眞的深深地去感受我們最深的實相與眞理，會發現這顆心並不想要逃離此時此刻的一切，這顆心其實已經擁抱一切了。我們可以允許自己的心變得夠大，大到承受得了心碎。

我的老師稱這個世界爲「偉大的心碎」。當我們眞正開始對自己的眞實本性覺醒過來，將會對周遭的苦難變得更有意識。我們會對生活中的人事物擁有更深刻的感受，而非相反。我們會變得更能夠活在當下的此時此地。我們會看見，儘管自己的視野已經拓展了，儘管我們不單是對實相覺醒過來，而是已經作爲實相本身，我們依然沒有控制權。每一件事和每一個人都有他們自己的生命道路，我們無法因爲心已經敞開就能爲他們抹去痛苦。雖然我們也希望每一個人都能覺醒、都能快樂，但心碎的一部分就是如其所是地接受當下這一刻，這個世界。

我的另一位老師曾說：「所有的眞愛都會流淚，那是苦樂參半的。」我越來越發現這句話的眞實。我愛得越深刻，就會品嘗到越多的苦澀與甜美。這不是負面的苦澀，而是讓那份甜美益加香醇的苦澀。生命的美麗不是因爲山頂上的美麗風光，以及高山湖泊那清澈無染的環境。生命在每一個時刻也都是美麗的。即使當人類在受苦，其中也有尊貴與美麗。

我們的心不想要他們受苦，我們想要拯救他們，但是令人心碎的正是我們無法這麼做。我們的愛的品質、我們心的敞開，確實依然能對這世界及置身其中的人們發揮深遠的影響，但是我們的心沒有控制權，它們也從不想要控制。

但是，絕對不要認爲你在此的臨在，包括肉體、物質與個體的臨在，對周遭的人沒有深刻的影響，因爲它確實是有的。究竟而言，你無法控制周遭的一切，但你卻能發揮強大的影響力。這是我們能夠給予彼此的禮物：當我們的心胸敞開時，隨之而來的是這份「一」、這份合一，以及一顆眞正敞開的心。是的，這將會令人心碎，而當我們心碎的時候，它會被要求敞開得更廣大，廣大到沒有任何東西與任何人來留住它。但是這份心碎亦會流經意識那透明的存在。如果我們願意敞開得夠廣夠大，直到我們願意不單是超越這世界，而是棲止於它並且體現它，那麼我們就成爲我們一直在追尋的答案了。那麼，我們就成爲所有眾生都在追求的寧靜了。有時候，領悟到我們一直在執著於裝滿口袋的夢幻，是件煩擾人心的事，但這終究是解脫人心的。我們可以讓心破碎，它們是那麼地大。幻相永遠不可能帶來寧靜，永遠不可能帶來幸福。當我們不再被一己的幻相所擾亂，我們會感到驚訝，驚訝於我們不僅僅是我們的幻相，而是某種如此浩瀚且無以名狀的東西。我們不是某個存在於天堂之內，甚或存在於偉大奧祕之內的東西，我們事實上正是那存在的偉大奧祕。一位禪師曾說：「整個宇宙就是我眞實的個性。」如果你想要看見眞實的自己，打開這道窗，你所見的一切事實上就是你內在實相的表達。你能不能擁抱這一切呢？

11

落入恩典之中

我想要回到恩典這個主題，探討它和覺醒的旅程與超越痛苦有什麼樣的關聯。恩典是一個十分難以定義和精確指明的東西，它經常被想成是一個相當正面的片刻或事件。然而，我們都曾有過一些遭遇極大困難的經驗，卻在回顧的時候看見，這些時刻正是我們蛻變最多的時刻，也是我們在個人進化上做出最大跨越的時刻。回顧過去的時候，我們會將這些深具挑戰的時刻視為旅途中的必要階段。我們會看見，這些事件被恩典所充滿，它們是一份禮物，某種贈予我們以幫助我們醒來的東西。

就本質而言，恩典是任何幫助我們敞開的事物——我們的頭腦、我們的身體、我們的情緒，以及我們的心靈。有時候，恩典溫柔而美好，它會以洞見的樣貌出現，也會以頓悟的形式出現，或者，它也可能是我們心靈的綻放、我們情緒體遽然敞開了，讓我們以更深刻的方式去感受，並且與如是或彼此產生連結。恩典也可能來得非常猛烈，生命裡有些時候是非常非常令人難受的，在那些時候，恩典可能難以辨認，但是每當我們回想生命裡的這些震撼時刻，就能看見自己收受的那份禮物。

我記得有一次自己聆聽了一位西藏知名老師的演講，他曾在喜馬拉雅山的一座狹小石屋住了許多年。當時，他的腳跛了，雙腿都不堪使用。他告訴我們有顆巨石掉下來砸斷了他的雙腿，於是他只好待在石屋裡許多年，因爲他實在什麼事也不能做。對一個斷腿的人來說，要在喜馬拉雅山區走動確實非常困難。他告訴我們自己住在那個小石屋的故事，他說：「被關在那個小石屋裡好幾年，是我生命中當中最美好的事。那是個莫大的恩典，因爲若非如此，我永遠也不會轉向內在，我也不會發現當時自行展現的自由。因此，當我回顧自己失去兩條腿時，我將它視爲生命中影響最深遠、最幸運的一件事。」正常情況下，我們多數人不會認爲喪失兩條腿的功能是份恩典。我們對恩典該如何出現都有自己想要的特定概念，但是，**恩典只是那開啓我們心靈的、有能力讓我們對生命的各種感知方式敞開的東西**。

對我來說，恩典的出現是在我經過四年努力不懈地靜心，卻徹底感到挫敗的時候。如同我稍早前提過的，我當時的經驗是：「就是這樣了！我永遠永遠無法突破！我永遠都不知道開悟是什麼了！」那是全然絕望、萬念俱灰的一刻，好似我內在的一切都已油盡燈枯了。我眞的覺得自己被打敗了，而事實上眞的是如此。我內心一點繼續下去的動力也沒有，對未來更不抱任何希望。我記得自己坐在自己的靜心小屋裡，感到自己徹底被壓垮。我相信那就是我整個靈性旅程的終點，然後我記得自己當時想：「我現在要做什麼呢？我的靈性旅程玩完了。我失敗了。」我坐在那裡，那一刻只有絕對而徹底的失敗，那個失敗是如此徹底，以致我甚至不會爲自己感到難過。然而就在那一刻，我的心開始綻放，彷彿有一份金色的愛傾注至我的存在，彷彿我可以聽見一切，而那只是攜帶著這份愛的歌唱。

我走出小屋外，眼前一切全是這份愛的表達、這份愛的示現。整個宇宙只不過是這份浩瀚無垠的、無窮無盡的愛，我沐浴在其中。就在那時，我聽見了一個聲音，這對我來說十分奇怪，因爲在我的整個靈性旅程裡，我不是那麼容易看見畫面或聽見聲音的。我不知它從何處來，但是它說：「這就是我愛你的方式，這就是你應該愛一切處的一切生命的方式。」我一聽見這個聲音，就知道那是眞的。這個內在的聲音告訴了我一件我一直以來都知道，卻從來無法與之接觸的事。我過去不知道的是，我將會一生都受到這份愛的澤被，只是我過去尙未完全向它敞開。這份愛也爲我帶來了一個挑戰。它說：「這就是你該如何愛一切事物、一切生命的方式。」

我記得自己這麼想：「要怎麼做我毫無頭緒！我怎麼可能像那樣去愛呢？」這份浩瀚無邊的無條件之愛像潮浪般一波波湧向我，我完全不敢想像自己要如何以那同樣的方式去愛，然而，不知怎麼地，我知道那是可能的。我不知道會在何時，也不知道會在何處，但是不知怎麼地我就是知道。

這就是恩典降臨的一刻，這整個經驗就是恩典。這種完全挫敗的感覺、無處可去、覺得沒有出路、對靈性追尋感到絕望：這些**全部**都是恩典。有時候，恩典會像一把刀子一樣劃穿我們，是這樣的失敗讓我完全開啓，它開啓了我的身與心，而唯有透過這種徹底失敗的經驗，我才終於對那份無邊無際的無條件之愛敞開了。

這不是我最後一次覺得被打敗，也不是最後一次的恩典降臨。事實上，隨後的那幾年，我的靈性旅程就是一個挫敗接著一個挫敗。但是隨著每一個挫敗的片刻，當我撞上一面牆，不知如何跨越時，我也越來越常停了下來。而每一次我被迫停下來，恩典就會自行顯露。隨著時間過去，我明白了我不需要掙扎得如此痛苦，而是要敞開迎接恩典，我更不需要和生命或我自己對抗。但是我經歷了非常非常多次的失敗，才真的心甘情願地敞開並且臣服於一直都在那裡的恩典。

真實祈禱的力量

我說過很多遍：「我的靈性之路是一條失敗之路。唯有透過這種徹底壓垮的潰敗，覺醒才得以顯露。」人們聽見我說的話之後，常輕聲笑了出來，但大多數人並未眞正了解這一點。當然，我們多數人都會盡量避免這種失敗，避免被這種恩典深深割開，好像那會威脅到性命似的。沒有人眞的**想要**以這種方式被打敗。我們都曾有過被打壓或壓迫的感覺，但我談論的這種失敗是一種眞正的臣服、眞正的敞開，我們知道自己無路可去。以這樣的意義而言，這是一個眞正的祈禱，而眞正的祈禱力量是非常強大的。我經常告訴人們：「當你說出了眞正的祈禱，你最好小心，因爲你將會得到你所祈求的事。」我所謂的「眞正的祈禱」，是你將自己對整個宇宙敞開，從一個不知道、不特別期待任何事的地方出發所說的話，或所做的祈禱。

我第一次說出眞正的祈禱的時候，是在加州一片廣袤沙漠裡，坐在一個公車站牌邊，那是一片延伸在兩座山之間的長條型沙漠。我當時在深思我的靈性生活，然後突然興起了祈禱的衝動。當時，祈禱並不是我常做的事，但不知怎麼地，我有股衝動這樣做。我對宇宙說：「給我覺醒所需要的任何東西吧！我不在乎代價是什麼。我不在乎接下來的日子是不是輕鬆過，也不在乎我接下來的日子是不是會像地獄一樣。需要什麼，那東西就是我要的。我在邀請它來。給我從這分離狀態覺醒所需要的任何東西吧！」我說出這個祈禱的時候，就好像將控制的鑰匙交還給宇宙了。我說出這個祈禱之後是非常恐懼的，我記得當時自己想：「我剛剛到底做了什麼？不知道我釋放出什麼樣的力量了？」

顯然，我釋放了一股巨大的力量。當時，我將控制的幻覺交還給更高的智慧，而當然，我確實獲得了一切所需來開啓我的意識，而且是在相對短的一段時間裡。其中有些非常美好，充滿了自在、愛，以及敞開，而有一些非常可怕，非常艱困、難熬。但是回顧起來，我必須承認自己的確獲得了要求的東西。爲了要讓我的意識從分離中覺醒，我所獲得的正是我最需要的東西。因此絕對不要低估了祈禱的力量，以及它讓我們敞開迎接恩典的能力。

當我們告訴神自己想要神怎麼做，或告訴宇宙想要宇宙怎麼做時，我們還不是眞的在敞開自己，我們仍是從小我的立場開口的。但是當我們坦誠道出自己內心最深的渴望，並且告訴神性，我們正在邀請祂給予我們覺醒所需的任何東西，那麼我們很可能會眞的得到它。要敞開自己來迎接恩典、迎接這道眞理之流，意味著我們必須走出自己之外。我們必須放下自己在掌控一己生命的幻覺。當我們將它交出去，會發現自己墜入了恩典裡，墜入了這份愛的清明和敞開當中，墜入了從分離覺醒的恩典，而在那裡，我們了悟了自己眞實的靈性本質：這個示現爲我們一切所見的美麗的、未知的、無生的臨在。

敞開心靈的力量

任何的靈性教誨，很快就能輕易變得充滿抽象概念。我記得我的老師經常說：「變成紙上談兵、只剩文字語言是如此容易。」但是文字語言也很重要，還有我們溝通的方式也很重要。我們不應該忘記，所有的語言，包括所有靈性教導，都如同禪宗所說的，只是「指月之指」。我們踏上特定靈性道路的目的，不只是希望自己所追求的月亮能來到我們身上，包括快樂、寧靜與更開闊的視野等，我們也必須要看見：這個「月亮」，或說我們所眞心渴望的，事實上也存在於當下的此時、此地。

我的老師以前總是說：「法在開始是好的，中間是好的，結束也是好的。」法指的是實相眞理，它從最根本的所在出發，也就是人的心靈、我們最深的誠摯與懇切，這就是我們必須要帶入到任何的靈性教導或生活各個面向的東西。最重要的元素就是我們爲這些教導所帶入的東西。我們的心智狀態如何？我們是眞的敞開了嗎？我們眞的想要蛻變嗎？我們是否眞的想要醒來，或者只是想要待在這個幻相構成的生命裡繞來繞去？

我生命裡最重要的其中一個時刻，發生在我的第一次禪修期間。在總共五天課程的第三天，禪修指導老師關老師說了一個故事，描述自己不久前在印度所發生的事。當時，他站在一個小村莊的泥土路中央，看著一些小孩子在路邊玩耍。他注意到其中有個孩子有著一張扭曲的臉，其他孩子都在嘲笑他，那個男孩被大家所排斥。關老師看著這個可憐的小男孩，然後他說：「你知道嗎，束手無策，所以我開始啜泣。」

即使當他在描述這個故事，以莊嚴的禪坐姿勢坐著，身上穿著長袍，渾身散發出禪味的時候，他的心依然是敞開的，而且他在流淚。那時候，我才眞的知道他的心靈品質與他的勇氣。眼前坐著一位了不起的靈性及禪學的權威角色，卻將心完全敞開地坐在那裡啜泣，毫不收斂，不掩面也不覺得難爲情。他深深地被這個小男孩的痛苦所觸動，因此他站在路中間想著：「我要怎麼幫他呢？」過了一兩分鐘，他決定走向那男孩。雖然他們說的是不同的語言，關老師還是抓起了他的手，他們就這樣站在路中間手牽著手。然後，關老師看見了一間冰淇淋店，他和那個男孩一起走到了店門口，他伸手從口袋拿出幾枚硬幣給男孩。他表示要讓那男孩買冰淇淋給自己吃，還有請其他小朋友吃。當男孩向其他小朋友表示他要請他們吃冰淇淋時，他立刻變成了英雄和大家矚目的焦點。村裡的孩子立刻帶著愛與接受開開心心包圍著他。小男孩買冰淇淋給大家吃，大家臉上都露出了微笑。小男孩曾經有一刻因為受到排斥而難過，現在已經高興起來，又重新成為團體裡的一份子了。

這是在那個當下，關老師所能做的唯一一件事。雖然那是一件小事，卻說明了敞開的心力量有多麼大。儘管他不知道該如何是好，但由於他的心是敞開的，憑著直覺，他走上前去握住了男孩的手。對我來說，這就是一個開悟行為的最佳示範。這個例子顯示了，雖然頭腦或許無法了解該如何反應，但是一顆敞開的、覺醒的心可以引導我們，可以在當下提供美妙的洞見。這種眞誠、這種敞開與愛，就某種程度而言，正是我們所有人需要開始之處。

我們與任何教導展開一段關係時，都必須帶著一顆敞開的心，而且是盡可能地敞開，並且了解到是我們，我們每一個人，在為生命的每一刻加入最珍貴的元素——那就是我們敞開的意願、提出質疑的意願，以及去關懷和去愛的意願。

如同我經常對學生說的，**你最難以敞開去面對，並毫無保留地去愛的人，就是你自己。一旦你能做到這件事，你就可以無條件地愛全世界，但是這完全要從你自己開始。這些教導也要從你開始，你是它們當中最關鍵的因素。**

若你能夠敞開而且眞心誠意，即使是最小的事也能改變你的全世界，也能轉變你所有的觀點，讓你走出痛苦。這不表示你能逃離置身世間的痛苦與挑戰，而是你的心將會變得夠廣大，讓你得以擁抱如是的世界，包括它的一切美麗與哀愁。而透過這樣的過程，你將能帶給這世界一些革命性的品質，也就是敞開的頭腦、敞開的心靈，以及一個敞開的意識。

落入當下的中心

如果我們用心去看，恩典就在我們四周。美好的時刻是恩典，艱難的時刻是恩典，迷惘的時刻也是恩典。若我們敞開得夠寬廣，足以了解到每一個處境與每一個與我們相遇的人都是恩典，無論在我們眼裡那是多麼輕鬆或困難，那麼我們的心將能夠綻放、開花，能夠表達出我們每一個人內在本具的寧靜與愛。

我們徹底放手而落入恩典的懷抱。它是我們讓自己墜落其中的東西，就像我們落入某人的臂彎裡，或將我們的頭放在枕頭上睡覺那樣。那是一種放鬆的意願，即使在緊繃的時候也要放鬆。那是一種停下來一會兒的意願，然後去呼吸、去注意到除了頭腦告訴我們的故事之外，還有其他事情在發生。在這個恩典的時候，我們會看見自己經驗中的一切，從最艱難的情緒挑戰到最毫無來由的喜悅，都是在一個和平、靜定、究竟幸福的、浩瀚無邊的廣闊空間之中發生的。

如果我們能夠放下片刻，如果我們能放輕鬆，如果我們能落入當下的中心，便能直接遇見我們一直在追尋的自由。它就在這裡，就是現在。它不存在於未來，它不是在生命出現改變的時候才來臨，也並非要日常生活的環境變得有所不同才來臨。**自由是某種就在當下此刻的東西**。當我們開始交出想要生命改變的要求，不再要求生命改變以配合我們的想法時，一切將會豁然開啓。我們開始從這個分離與掙扎的夢境裡醒來，然後領悟到我們一直在追求的恩典，其實就在我們一己存在的最中央。**這就是靈性覺醒之心：了悟我們一直以來所渴求的，其實正是在最深本源裡，那我們一直以來所是的**。自由永遠都向我們敞開大門。在那些我們深知自己並不知道的時刻，在我們向後退一步的時刻，心靈敞開的時刻，我們落入了恩典的懷抱。

Inspirit 18

受苦的力量

當你真正看見了痛苦，才有力量放下它（三版）

作　　者　阿迪亞香提
譯　　者　蔡孟璇
社　　長　張瑩瑩
總 編 輯　蔡麗真
副 主 編　徐子涵
行銷企劃　林麗紅
封面設計　羅心梅

出　　版　自由之丘文創事業
發　　行　遠足文化事業股份有限公司（讀書共和國出版集團）
　　　　　地址：231 新北市新店區民權路 108-2 號 9 樓
　　　　　電話：（02）2218-1417　傳真：（02）8667-1065
　　　　　電子信箱：service@bookrep.com.tw
　　　　　網址：www.bookrep.com.tw
　　　　　郵撥帳號：19504465 遠足文化事業股份有限公司
　　　　　客服專線：0800-221-029

法律顧問　華洋法律事務所蘇文生律師
印　　製　前進彩藝有限公司
二　　版　2018 年 5 月
三　　版　2023 年 8 月

I S B N　9786269648351(紙本書)
　　　　　9786269648382 (PDF)
　　　　　9786269648399 (EPUB)

歡迎團體訂購，另有優惠，請洽業務部（02）2218-1417 分機 1124

國家圖書館出版品預行編目資料

受苦的力量：當你真正看見了痛苦，才有力量放下它 / 阿迪亞香提 (Adyashanti) 著；蔡孟璇譯．-- 三版．-- 新北市：自由之丘文創事業出版：遠足文化事業股份有限公司發行, 2023.08
　面；　公分

譯自：Falling into grace : insights on the end of suffering

ISBN 978-626-96483-5-1(平裝)

1.CST: 佛教修持 2.CST: 生活指導

225.87　　112011710